普通高等职业教育"十三五"规划教材

汽车发动机构造与维修

主　编　廖朝晖　李丽馨　张忠良
副主编　王晓怡　张　欣　赵明菲
　　　　宋美霞　曹　旭
编　委　郭　宇　张万奎　邢荣胜　张宝方

北京邮电大学出版社
www.buptpress.com

内 容 简 介

本书编写时考虑到职业教育的特点,紧密结合汽车运用与维修领域的职业需求进行内容组织,争取做到内容精炼、重视应用,更突出技能的培养,适用于"理实一体化"教学模式。

本书共十个项目,主要内容有发动机基本知识、曲柄连杆与配气机构、电控汽油喷射系统、柴油机燃料供给系统、润滑与冷却、发动机装配及新能源汽车介绍。

本书适用于高等职业教育汽车运用与维修专业教材,也可作为相关行业参考用书。

图书在版编目(CIP)数据

汽车发动机构造与维修 / 廖朝晖,李丽馨,张忠良主编 . -- 北京:北京邮电大学出版社,2017.8
ISBN 978-7-5635-5154-5

Ⅰ.①发… Ⅱ.①廖… ②李… ③张… Ⅲ.①汽车－发动机－构造－教材②汽车－发动机－车辆修理－教材 Ⅳ.①U472.43

中国版本图书馆 CIP 数据核字(2017)第 173609 号

书　　　　名:	汽车发动机构造与维修
著作责任者:	廖朝晖　李丽馨　张忠良　主编
责 任 编 辑:	满志文
出 版 发 行:	北京邮电大学出版社
社　　　　址:	北京市海淀区西土城路 10 号(邮编:100876)
发　行　部:	电话:010-62282185　传真:010-62283578
E-mail:	publish@bupt.edu.cn
经　　　销:	各地新华书店
印　　　刷:	北京鑫丰华彩印有限公司
开　　　本:	787 mm×1 092 mm　1/16
印　　　张:	11.75
字　　　数:	292 千字
版　　　次:	2017 年 8 月第 1 版　2017 年 8 月第 1 次印刷

ISBN 978-7-5635-5154-5　　　　　　　　　　　　　　　　　　定价:28.00 元
· 如有印装质量问题,请与北京邮电大学出版社发行部联系 ·

前　言

汽车已经逐渐成为我们生活中的必需品,随着我国汽车工业和汽车技术的飞速发展,大量高智能新技术装备汽车,对汽车类人才提出了更高的要求。当今,汽车类人才需要具备更全面的专业知识及较强的创新能力和学习意识,具备较强的动手能力及可持续发展的潜力。作为肩负为社会和区域经济培养高技能人才的汽车职业院校应不断深化教材改革,创新教学模式,努力提高教育教学质量。而开发适合区域经济发展的专业,设置适合就业岗位的课程体系,抓好专业教材体系建设,是提高教育教学质量的一项重要工作。作为一所主要培养汽车检测与维修领域高技能人才的汽车高职学院,我们有责任和义务在汽车技术教材建设方面做点努力。为此,我院组织了11名教师,根据国家人社部颁发的《汽车修理工国家职业标准》及《高职院校教学计划大纲》的要求,按照汽车修理工中、高级培养目标要求组织编写了这本《汽车发动机构造与维修》。以后陆续要编写系列教材《汽车底盘构造与维修》和《汽车电气构造与维修》。

本系列教材的编写总结了多年来高职汽车专业教学经验和方法,根据高职汽车专业学生未来从事的岗位需求设置知识结构,以培养适应汽车行业需要的高质量技能型人才的教学思想来组织编写,融入了我院2013年9月开始探索的汽车类专业课"理实一体化"和体现"教学工作过程"教学改革经验与成果,教改的重要成果之一是课题立项和编著本教材。本教材本着实用性和够用性的原则,努力做到通俗易懂、深入浅出、注重实践、任务明确,并进一步结合当前汽车维修企业的生产实际而编写的,具有较强的针对性。本教材以技能为主线,理论与技能有机结合,重在教会学生掌握必需的专业知识和技能。教材中对当前汽车的新知识、新技术、新结构、新工艺也有全面的阐述,使学生能学到更多的新知识和新技术。在每个项目后附有思考复习题,可供教师和学生参考。

教材专业适应性强,使用面广。由于本教材是兼顾中高级工程师培养培训要求编写的,故凡汽车类专业,不管是必修课程还是选修课程,不管是主打专业还是相关专业,不管是修理技术人员还是专业教师均可根据情况选用、参考、学习。

教材理实结合紧密,在强调理论的同时,注重理论知识在实践中的应用,突出技能的培养,适用于"理实一体化"教学模式,通俗易懂。教材图文并茂,文字朴实,易学易懂,有利于激发学生和读者的学习兴趣。现代汽车种类繁多,本教材以一般与典型相结合的方式,系统的阐述了现代汽车发动机各系统和机构的结构、工作原理、维修和故障诊断技术。

本教材共分10个项目,主要内容包括:发动机基本知识、曲柄连杆与配气机构、电控汽油喷射系统、柴油机燃料供给系统、润滑与冷却、发动机装配及故障诊断。本教材最后一个项目加入了新能源汽车介绍。

本教材由大连汽车职业技术学院的廖朝晖、李丽馨、张忠良任主编,大连汽车职业技术学院的王晓怡、张欣、赵明菲、宋美霞、曹旭任副主编。具体分工为:项目一和项目五由张忠良编写,项目二由赵明菲编写,项目三由王晓怡编写,项目四和项目十由廖朝晖编写,项目六由张欣编写,项目七由宋美霞编写,项目八由李丽馨编写,项目九由曹旭编写。郭宇、张万奎、邢荣胜、张宝方等也参与了部分模块的编写与校正。

  本教材在编写过程中借鉴和参考了国内大量相关资料,并得到了大众一汽技术部、广汽本田、丰田技术部4S店和很多教师的大力支持与帮助,请教了北京邮电大学出版社编辑部的老师,参考和采用了许多专家提供的建议和技术资料,在此一并表示感谢!

  由于编者的经历和水平有限,书中难免存在一些误漏之处,恳请广大读者批评指正。

编 者

目 录

项目一 认识了解发动机构造与性能 …………………………………………………………… 1
　任务1 发动机的基本概述和工作原理 ……………………………………………………… 1
　　一、发动机的基本术语 …………………………………………………………………… 2
　　二、四冲程发动机的简单工作原理 ……………………………………………………… 3
　　三、二冲程发动机的简单工作原理 ……………………………………………………… 5
　任务2 发动机的总体构造 …………………………………………………………………… 7
　　一、发动机概述 …………………………………………………………………………… 7
　　二、发动机的基本构件 …………………………………………………………………… 7
　任务3 发动机的性能与特性 ………………………………………………………………… 11
　　一、发动机的主要性能指标 ……………………………………………………………… 11
　　二、发动机的特性 ………………………………………………………………………… 12

项目二 曲柄连杆机构故障的构造与维修 ……………………………………………………… 16
　任务1 曲柄连杆机构概述 …………………………………………………………………… 16
　　一、曲柄连杆机构的作用及组成 ………………………………………………………… 16
　　二、工作条件及受力分析 ………………………………………………………………… 16
　任务2 机体组的构造与工作原理 …………………………………………………………… 18
　　一、气缸体和曲轴箱 ……………………………………………………………………… 18
　　二、气缸盖与气缸垫 ……………………………………………………………………… 21
　　三、机体组常见故障及检修 ……………………………………………………………… 22
　任务3 活塞连杆组个构造与工作原理 ……………………………………………………… 24
　　一、活塞 …………………………………………………………………………………… 24
　　二、活塞环 ………………………………………………………………………………… 27
　　三、活塞销 ………………………………………………………………………………… 29
　　四、连杆 …………………………………………………………………………………… 30
　　五、活塞连杆组的检修 …………………………………………………………………… 31
　任务4 曲轴飞轮组的构造与工作原理 ……………………………………………………… 33
　　一、曲轴 …………………………………………………………………………………… 33
　　二、扭转减振器 …………………………………………………………………………… 38
　　三、飞轮 …………………………………………………………………………………… 38
　　四、曲轴飞轮组的检修 …………………………………………………………………… 38

项目三 配气机构的构造与维修 ………………………………………………………………… 41
　任务1 认识配气机构的组成与工作原理 …………………………………………………… 41

  一、配气机构的组成及分类 …………………………………………………… 41
  二、工作原理 ………………………………………………………………… 42
  三、气门间隙 ………………………………………………………………… 42
 任务2 气门组构造与维修 …………………………………………………… 43
  一、构造组成 ………………………………………………………………… 43
 任务3 气门传动组构造与维修 ………………………………………………… 44
 任务4 可变配气相位 …………………………………………………………… 46
  一、配气正时的概念及作用 ………………………………………………… 46
  二、配气相位的相关概念及作用 …………………………………………… 46
  三、配气正时的重要性 ……………………………………………………… 47

项目四 电控汽油喷射系统构造与维修 …………………………………………… 49
 任务1 认识汽油喷射系统 ……………………………………………………… 49
  一、电喷汽油机分类 ………………………………………………………… 49
  二、电控汽油喷射系统的优点 ……………………………………………… 51
  三、电喷汽油机燃料供给系的组成和工作过程 …………………………… 52
 任务2 电喷式发动机空气供给系统各主要部件构造及维修 ………………… 54
  一、进气系统的作用和组成 ………………………………………………… 54
  二、空气供给系统的主要部件构造与维修 ………………………………… 55
 任务3 电喷式发动机燃料供给各主要部件构造及维修 ……………………… 63

项目五 柴油机燃油供给系统的构造与维修 ……………………………………… 70
 任务1 认识柴油机燃料供给系统 ……………………………………………… 70
  一、柴油机燃料供给系统的组成 …………………………………………… 70
  二、柴油机的燃料使用性能指标 …………………………………………… 71
 任务2 柴油机燃烧特点和燃烧室 ……………………………………………… 72
  一、柴油机可燃混合气的形成 ……………………………………………… 72
  二、柴油机可燃混合气的燃烧过程 ………………………………………… 73
  三、燃烧室 …………………………………………………………………… 74
 任务3 喷油器的构造与维修 …………………………………………………… 77
  一、喷油器的作用 …………………………………………………………… 77
  二、常见的喷油器 …………………………………………………………… 77
  三、喷油器的检修 …………………………………………………………… 78
  四、喷油泵 …………………………………………………………………… 79
 任务4 调整器的构造与工作原理 ……………………………………………… 87
  一、调速器的作用 …………………………………………………………… 87
  二、调速器的种类 …………………………………………………………… 88
  三、调速器的构造及工作原理 ……………………………………………… 88
 任务5 柴油滤清器和输油泵的构造与维修 …………………………………… 95
  一、柴油滤清器 ……………………………………………………………… 95

二、输油泵的构造 …………………………………………………………… 96
　　三、输油泵的检修与调试 ……………………………………………… 98
  任务6　喷油提前角调节装置和供油正时的调整 ………………………… 99
　　一、喷油提前角的调节装置 …………………………………………… 99
　　二、供油正时的检查与调整 ………………………………………… 102
  任务7　柴油燃料供给系统常见故障诊断和排除 ………………………… 104
　　一、油泵常见故障 …………………………………………………… 104
　　二、调速器常见故障 ………………………………………………… 105
　　三、输油泵常见故障 ………………………………………………… 105
　　四、喷油器常见故障 ………………………………………………… 106
　　五、喷油提前角调节器常见故障 …………………………………… 107
　　六、柴油机运转过程中燃料供给系统常见故障 …………………… 107

项目六　润滑系统的构造与维修 …………………………………………… 109
  任务1　认识润滑系统 ……………………………………………………… 109
　　一、润滑系统的作用和润滑方式 …………………………………… 109
　　二、润滑系统的组成及油路 ………………………………………… 110
　　三、润滑剂的种类及选用 …………………………………………… 111
  任务2　润滑系统主要部件的构造与维修 ………………………………… 112
　　一、机油泵 …………………………………………………………… 112
　　二、机油滤清器 ……………………………………………………… 115
　　三、机油散热器 ……………………………………………………… 117
　　四、机油尺 …………………………………………………………… 117
  任务3　润滑系统的常见故障与诊断 ……………………………………… 117
　　一、润滑系统的维护 ………………………………………………… 117
　　二、润滑系统的常见故障诊断 ……………………………………… 118

项目七　冷却系统构造与维修 ……………………………………………… 121
  任务1　认识冷却系统 ……………………………………………………… 121
　　一、冷却系概述 ……………………………………………………… 121
　　二、水冷系的组成 …………………………………………………… 123
　　三、冷却水系的工作原理 …………………………………………… 123
　　四、冷却液 …………………………………………………………… 125
  任务2　冷却系主要部件的构造与维修 …………………………………… 126
　　一、散热器的构造和检修 …………………………………………… 126
　　二、水泵的构造和检修 ……………………………………………… 129
　　三、节温器 …………………………………………………………… 130
　　四、冷却风扇 ………………………………………………………… 132
  任务3　冷却系统维护 ……………………………………………………… 134

项目八 发动机的装配和调试 ··· 138
任务1 发动机的装配与调整 ··· 138
一、装配与调整的前期准备 ··· 138
二、各总成的装配与调整 ··· 139
三、发动机总装 ··· 141
四、发动机主要附属件的装配 ··· 143
五、收拾场地及工装 ··· 144
任务2 发动机的磨合 ··· 144
一、磨合的作用和过程 ··· 145
二、磨合的规范 ··· 145
三、磨合质量的评价 ··· 146

项目九 发动机的故障判断与排除 ··· 147
任务1 发动机一般故障的判断与排除 ··· 147
一、先电后油再机 ··· 148
二、先简后繁 ··· 148
任务2 汽油发动机的一般故障判断与排除 ··· 148
一、发动机起动困难或不能起动 ··· 148
二、发动机运转不良 ··· 150
任务3 柴油发动机的一般故障判断与排除 ··· 152
一、发动机起动困难或不能起动 ··· 152
二、发动机运转不良 ··· 152

项目十 新能源汽车 ··· 153
任务1 认识新能源汽车 ··· 153
一、新能源汽车的定义 ··· 153
二、新能源汽车的分类 ··· 153
三、发展新能源汽车的必要性 ··· 155
任务2 不同类型新能源汽车 ··· 158
一、纯电动汽车 ··· 158
二、增程式电动汽车 ··· 163
三、混合动力汽车 ··· 165
四、燃料电池汽车 ··· 173
任务3 其他新能源汽车 ··· 176
一、燃气汽车 ··· 176
二、生物燃料汽车 ··· 177
三、氢燃料汽车 ··· 178
四、太阳能汽车 ··· 179

项目一 认识了解发动机构造与性能

 本章概述

发动机是将某一种形式的能量转换为机械能的机器,其作用是将液体或气体的化学能通过燃烧后转化为热能,再把热能通过膨胀转化为机械能并对外输出动力,本章主要讲述发动机的总体构造方面的相关知识及其基本的工作原理。

  教学目标

1. 了解发动机的作用、常用术语和基本工作原理;
2. 了解发动机的类型、编号规则和总体构造;
3. 了解发动机主要性能指标和工作特性。

任务1 发动机的基本概述和工作原理

图1-1为单缸四冲程汽油机的简单结构示意图;图1-2为单缸四冲程柴油机的简单结构示意图。

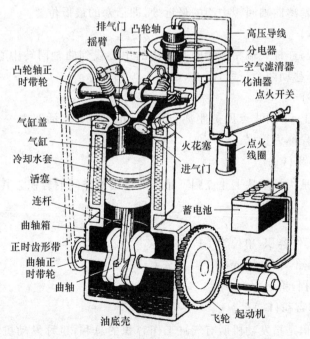

图1-1 单缸四冲程汽油机的简单结构示意图

一、发动机的基本术语

如图 1-3 所示为发动机基本术语示意图。

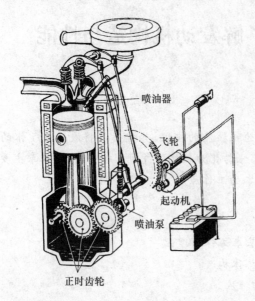 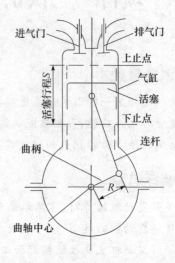

图 1-2 单缸四冲程柴油机的简单结构示意图　　图 1-3 发动机基本术语示意图

1. 上止点

上止点是指活塞离曲轴回转中心的最远处,即活塞的最高位置。

2. 下止点

下止点是指活塞离曲轴回转中心的最近处,即活塞的最低位置。

3. 曲柄半径(R)

曲柄半径是指与连杆大端相连接的曲柄销的中心线到曲轴回转中心线的距离。显然,曲轴每转一周,活塞移动两个行程,即 $S=2R$。

4. 活塞行程(S)

活塞行程是指上、下两止点间的距离,单位:mm(毫米)。活塞由一个止点移到另一个止点运动一次的过程称为行程。

5. 气缸工作容积(V_h)

气缸工作容积是指活塞从上止点到下止点所让出的空间的容积。其计算公式为

$$V_h = \frac{\pi D^2}{4 \times 10^6} S$$

式中:V_h——气缸工作容积,单位为 L;

　　　D——气缸直径,单位为 mm;

　　　S——活塞行程,单位为 mm。

6. 发动机工作容积(V_L)

发动机工作容积是指发动机所有气缸工作容积的总和,也称发动机的排量。若发动机的气缸数为 i,则 $V_L = V_h i$。

7. 燃烧室容积（V_c）

燃烧室容积是指活塞在上止点时，活塞顶上面空间的容积，单位为 L。

8. 气缸总容积（V_a）

气缸总容积是指活塞在下止点时，活塞顶上面空间的容积（L）。它等于气缸工作容积与燃烧室容积之和，即 $V_a = V_h + V_c$。

9. 压缩比（ε）

压缩比是指气缸总容积与燃烧室容积的比值，即

$$\varepsilon = \frac{V_a}{V_c} = \frac{V_h + V_c}{V_c} = 1 + \frac{V_h}{V_c}$$

二、四冲程发动机的简单工作原理

发动机经过进气、压缩、做功和排气四个连续的过程，将热能转变为机械能，每进行一次这样的过程就是一个工作循环。因此，凡是曲轴旋转两周，活塞往复四个行程完成一个工作循环的，就称为四冲程发动机。

1. 四冲程汽油机的简单工作原理

四冲程汽油机的工作循环是由进气、压缩、做功和排气四个行程所组成的。图 1-4 所示为单缸四冲程汽油机工作循环示意图。

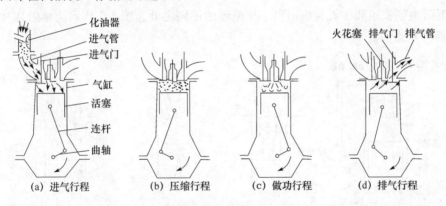

图 1-4 单缸四冲程汽油机工作循环示意图

（1）进气行程活塞由曲轴带动从上止点向下止点运动。此时，排气门关闭，进气门开启。活塞移动过程中，气缸内容积逐渐增大，形成一定的真空度，于是经过滤清的空气与化油器供给的汽油混合形成可燃混合气，通过进气门被吸入气缸，待活塞到达下止点时，进气门关闭，停止进气。

由于进气系统存在进气阻力，进气终了时气缸内气体的压力低于大气压力，为 0.075～0.09 MPa。由于气缸壁、活塞等高温件及上一循环留下的高温残余废气的加热，气体温度升高到 370～440 K。

（2）压缩行程。进气行程结束时，活塞在曲轴的带动下，从下止点向上止点运动，气缸内容积逐渐减小，由于进、排气门均关闭，可燃混合气被压缩，待活塞到达上止点时，压缩结束。气缸内气体被压缩的程度称为压缩比。压缩比越大，则压缩终了时气缸内气体的压力和温度就越高，燃烧速度也越快，因而发动机发出的功率越大，经济性也越好。几年以前汽油发动机压缩比一般为 6～10，如今普遍都在 9～12 之间。

压缩行程中,气体压力和温度同时升高,并使混合气进一步均匀混合,压缩终了时,气缸内的压力为0.6~1.2 MPa,温度为600~800 K。

(3) 做功行程。在压缩行程末,火花塞产生电火花点燃混合气,并迅速燃烧,使气体的温度、压力迅速升高而膨胀,从而推动活塞从上止点向下止点运动,通过连杆使曲轴旋转做功,待活塞到达下止点时做功结束。

在做功行程中,开始阶段气缸内气体压力、温度急剧上升,瞬间压力可达3~5 MPa,瞬时温度可达2 200~2 800 K。

(4) 排气行程。在做功行程终了时,排气门打开,进气门关闭,曲轴通过连杆推动活塞从下止点向上止点运动,废气在自身剩余压力和在活塞推动下,被排出气缸,待活塞到达上止点时,排气门关闭,排气结束。

排气行程终了时,由于燃烧室容积的存在,气缸内还存有少量废气,气体压力也因排气系统存在排气阻力而略高于大气压力。此时,压力为0.105~0.115 MPa,温度为900~1 200 K。

2. 四冲程柴油机的简单工作原理

四冲程柴油机与四冲程汽油机一样,每个工作循环也是由进气、压缩、做功和排气四个行程组成。但由于所使用燃料的性质不同,可燃混合气的形成和着火方式与汽油机有很大区别。下面主要叙述柴油机与汽油机工作循环的不同之处。图1-5所示为单缸四冲程柴油机工作循环示意图。

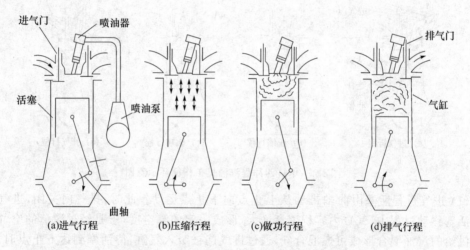

图1-5 单缸四冲程柴油机工作循环示意图

(1) 进气行程。进气行程不同于汽油机的是进入气缸的不是可燃混合气,而是纯空气。由于进气阻力比汽油机小,上一行程残留的废气温度也比汽油机低,进气行程终了的压力为0.075~0.095 MPa,温度为320~350 K。

(2) 压缩行程。压缩行程不同于汽油机的是压缩纯空气,由于柴油的压缩比大,一般为15~22,压缩终了的温度和压力都比汽油机高,压力可达3~5 MPa,温度可达800~1 000 K。

(3) 做功行程。此行程与汽油机有很大差异,压缩行程末,喷油泵将高压柴油经喷油器呈雾状喷入气缸内的高温高压空气中,被迅速汽化并与空气形成混合气,由于此时气缸内的温度远高于柴油的自燃温度(约 500 K),柴油混合气便立即自行着火燃烧,且此后一段时间内边喷油边燃烧,气缸内压力和温度急剧升高,推动活塞下行做功。

做功行程中,瞬时压力可达 5~10 MPa,瞬时温度为 1 800~2 200 K,做功行程终了时压力为 0.2~0.4 MPa,温度为 1 200~1 500 K。

(4) 排气行程。此行程与汽油机基本相同。排气行程终了时的气缸压力为 0.105~0.125 MPa,温度为 800~1 000 K。

由上述四冲程汽油机和柴油机的工作循环可知,两种发动机工作循环的基本内容相似。每个工作循环曲轴转 2 周(720°),每一行程曲轴转半周(180°)。四个行程中,只有做功行程做功,其他三个行程是为做功行程做准备工作的辅助行程,都要消耗一部分能量。发动机起动时的第一个循环,必须有外力将曲轴转动,以完成进气和压缩行程;当做功行程开始后,做功能量便通过曲轴储存在飞轮内,以维持以后的行程和循环得以继续进行。

三、二冲程发动机的简单工作原理

1. 二冲程汽油机的简单工作原理

二冲程发动机工作循环也包括进气、压缩、做功和排气四个过程,但它是在活塞往复两个行程内完成的。图 1-6 所示为二冲程汽油机的工作循环图。

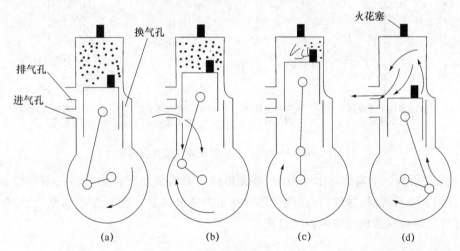

图 1-6　二冲程汽油机的工作循环图

(1) 第一行程。活塞由曲轴带动从下止点向上止点移动,当活塞上行至关闭换气孔和排气孔时[图 1-6(a)],已进入气缸的新鲜混合气被压缩,活塞继续上移至上止点时,压缩结束;与此同时,活塞上行时,其下方曲轴箱内形成一定的真空度,当活塞上行到一定位置时,进气孔开启[图 1-6(b)],新鲜的混合气被吸入曲轴箱。至此,第一行程结束。

(2) 第二行程。活塞接近上止点时,火花塞产生电火花,点燃被压缩混合气,燃烧形成的高温、高压气体推动活塞下行做功[图 1-6(c)],当活塞下行到关闭进气孔后,曲轴箱内的混合气被预压,活塞继续下行至排气孔开启时[图 1-6(d)],燃烧后废气靠自身压力经排气孔排出;紧接着,换气孔开启,曲轴箱内经预压的混合气进入气缸,并排除气缸内残余废气,这一过程称换气过程,它将一直延续到下一行程活塞在上行关闭换气孔和排气孔时为止。活塞下行到下止点时,第二行程结束。

由上两个行程可知,第一行程时,活塞上方进行换气、压缩,活塞下方进行进气;第二行程时,活塞上方进行做功、换气,活塞下方预压混合气。换气过程跨越两个行程。

2. 二冲程柴油机的简单工作原理

二冲程柴油机工作循环与汽油机的主要不同之处是进入气缸的是纯空气,废气则由专设的排气门排出。带有换气泵的二冲程柴油机的工作循环图如图1-7所示。换气泵的作用是将新鲜空气压力提高到0.12～0.14 MPa后,经气缸外部的空气室和气缸壁上的一圈进气孔进入气缸内。

(1) 第一行程。活塞由下止点向上止点移动,在此前,进气孔和排气门均已开启。由换气泵提压后的新鲜空气进入气缸进行换气〔图1-7(a)〕。当活塞上移到进气孔被关闭,排气门此时也关闭,于是进入气缸的空气开始被压缩〔图1-7(b)〕。当活塞上移至接近上止点时,喷油器向气缸内喷入雾状柴油,并自行着火燃烧〔图1-7(c)〕。

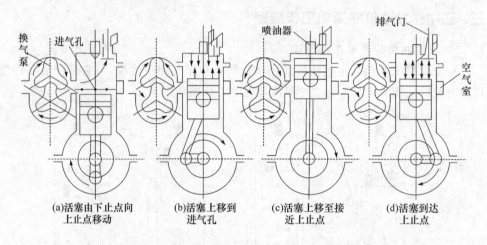

(a) 活塞由下止点向上止点移动　(b) 活塞上移到进气孔　(c) 活塞上移至接近上止点　(d) 活塞到达上止点

图1-7 带有换气泵的二冲程柴油机工作循环图

(2) 第二行程。活塞到达上止点后,着火燃烧的高温高压气体推动活塞下行做功。当活塞下行到2/3行程时,排气门开,废气靠自身压力排出气缸〔图1-7(d)〕,此后,进气孔开启,进行与二冲程汽油机类似的换气过程。

知识库

二冲程发动机的特点:
- 由于进排气过程几乎是完全重叠进行的,所以在换气过程中有混合气损失和废气难以排净的缺点,经济性较差,柴油机由于进入的是纯空气,因此没有混合气损失。
- 完成一个工作循环,曲轴只转一周,当与四冲程发动机转速相等时,其做功次数比四冲程多一倍。因此,运转平稳,与同排量四冲程发动机比较在理论上发出功率应是四冲程发动机的两倍,但由于换气时的混合气损失实际是1.5～1.6倍。
- 二冲程汽油机在摩托车上应用较多,二冲程柴油机由于没有混合气损失,经济性比二冲程汽油机要好,在一些中型汽车上也有采用。

任务 2　发动机的总体构造

一、发动机概述

发动机的结构形式多种多样,具体构造千差万别,因此,现代汽车发动机就是一部由许多机构和系统组成的复杂机器。但由于汽车发动机的基本工作原理相同,所以其基本结构也就大同小异。例如,现今最广泛使用的采用汽油和柴油作为燃料的往复活塞式发动机,虽然具体构造也千差万别,但基本构造是类似的。

汽油机通常由曲柄连杆、配气两大机构和燃料供给、润滑、冷却、点火、起动五大系统组成;柴油机通常由两大机构和四大系统组成(无点火系)。汽油机和柴油机的结构如图1-8、图1-9、图1-10、图1-11、图1-12所示。

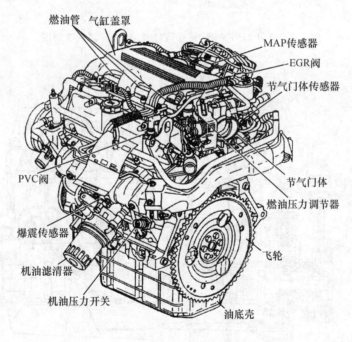

图 1-8　发动机

二、发动机的基本构件

1. 曲柄连杆机构

曲柄连杆机构是由机体、活塞连杆组和曲轴飞轮组三部分组成的,其作用是将燃料燃烧所产生的热能,经机构由活塞的直线往复运动转变为曲轴旋转运动而对外输出动力。机体还是发动机各个机构、各个系统和一些其他部件的安装基础,并且机体许多部分还是配气机构、燃料供给系、冷却系和润滑系的组成部分。

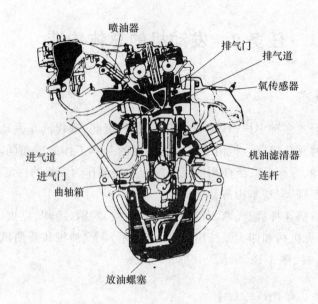

图 1-9 丰田 4E-FE 型四气门汽油喷射式发动机横剖图

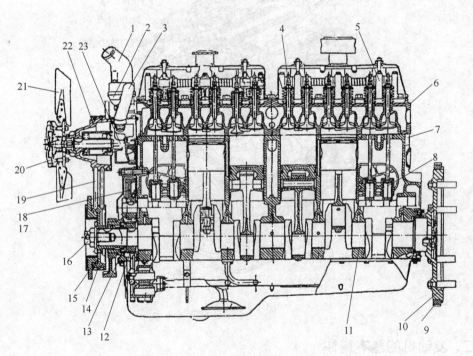

图 1-10 CA6102 型汽油机纵剖面

1—节温器出水管；2—节温器；3—小循环连接软管；4—排气门；5—摇臂轴座；6—气缸盖；
7—气缸体；8—挺柱；9—飞轮齿圈；10—飞轮(用于双片离合器)；11—主轴承；
12—曲轴正时齿轮；13—曲轴前油封；14—曲轴皮带轮；15—扭振减振器；
16—起动爪；17—正时齿轮室盖；18—凸轮轴正时齿轮；19—传动皮带；
20—风扇离合器；21—风扇；22—风扇皮带轮；23—水泵

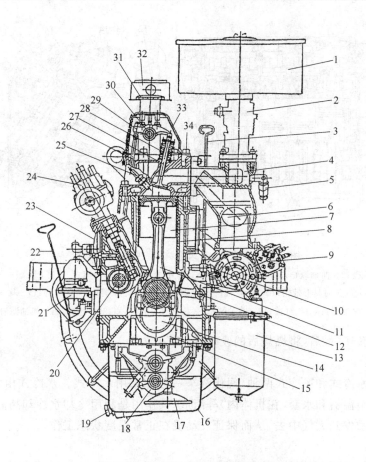

图 1-11 CA6102 型汽油机横剖面

1—气滤清器；2—化油器；3—气缸体放水阀操纵杆；4—进气歧管；5—曲轴箱通风管接头；6—排气歧管；7—活塞组；
8—干式气缸套；9—起动机；10—气缸体放水阀；11—连杆组；12—气缸体主油道；13—机油粗滤器；14—曲轴；
15—主轴承盖；16—油底壳；17—集滤器；18—机油泵；19—放油螺塞；20—凸轮轴；21—汽油泵；
22—汽油泵操纵杆；23—分电器传动轴；24—分电器；25—火花塞；26—推杆；27—进气门；
28—气门弹簧；29—摇臂；30—摇臂轴；31—加机油口盖；32—曲轴箱通风空气滤清器；
33—气缸盖罩；34—气缸盖螺栓

2. 配气机构

配气机构由进气门、排气门、气门弹簧、挺杆、凸轮轴和正时齿轮等组成。其作用是使新鲜气体及时充入气缸,并使燃烧产生的废气及时排出气缸。

3. 燃料供给系

汽油机燃料供给系和柴油机燃料供给系由于使用燃料和燃烧过程不同,在结构上有很大区别,汽油燃料供给系又分化油器式和燃油直接喷射式两种。

通常所用的化油器式燃料供给系由燃油箱、汽油泵、汽油滤清器、化油器、空气滤清器、进排气歧管和排气消声器等组成,其作用是向气缸内供给已配好的可燃混合气,并控制进入气缸内可燃混合气数量,以调节发动机输出的功率和转速,最后,将燃烧后的废气排出气缸。

柴油机燃料供给系由燃油箱、输油泵、喷油泵、柴油滤清器、喷油器进排气管和排气消声器等组成,其作用是向气缸内供给纯空气,并在规定时刻向缸内喷入定量柴油,以调节发动

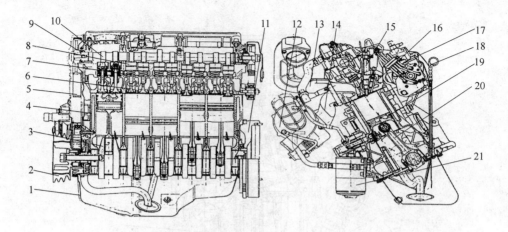

图1-12 大众Audi涡轮增压直喷柴油发动机

1—油底壳；2—曲轴带轮；3—曲轴；4—气缸体；5—正时齿形带；6—气门；7—气门弹簧；8—挺杆；
9—凸轮轴正时齿形带轮；10—凸轮轴；11—飞轮；12—涡轮增压器；13—进气管；14—排气管；
15—喷油器；16—气缸盖；17—喷油泵；18—机油尺；19—活塞；20—连杆；21—机油滤清器

机输出功率和转速，最后，将燃烧后的废气排出气缸。

4. 冷却系

冷却系有水冷式和风冷式两种，现代汽车一般都采用水冷式。水冷式由水泵、散热器、风扇、分水管、节温器和水套（在机体内）等组成，其作用是利用冷却水冷却高温零件，并通过散热器将热量散发到大气中去，从而保证发动机在正常温度状态工作。

5. 润滑系

润滑系由机油泵、润滑油道、集滤器、机油滤清器、限压阀、油底壳等组成。其作用是将润滑油分送至各个摩擦零件的摩擦面，以减小摩擦力，减缓机件磨损，并清洗、冷却摩擦表面，从而延长发动机使用寿命。

6. 点火系

汽油机传统点火系由电源（蓄电池和发电机）、点火线圈、分电器和火花塞等组成，其作用是按一定时刻向气缸内提供电火花以点燃缸内的可燃混合气。图1-9是丰田4E—FE型四气门汽油喷射式发动机的横剖图。

7. 起动系

起动系由起动机和起动继电器组成，其作用是带动飞轮旋转以获得必要的动能和起动转速，使静止的发动机起动并转入自行运转状态。

 知识库

国产内燃机型号编制规定

国家与1982年对内燃机名称和型号编制方法重新审定并颁布了标准（GB725—1982）。标准中规定：内燃机名称按所采用的主要燃料来命名，如汽油机、柴油机等。内燃机型号分首部、中部、尾部四个部分用阿拉伯数字和汉语拼音字母组成，其排列顺序及符号代表意义规定如下：

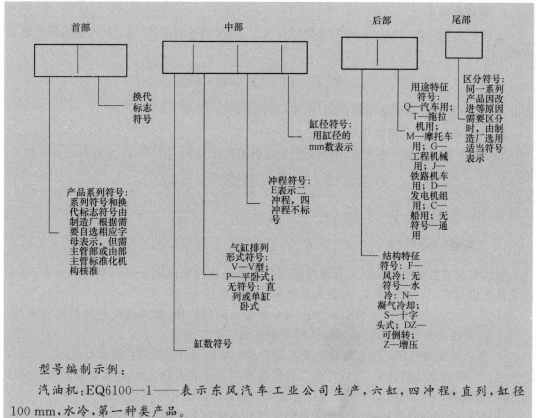

型号编制示例:

汽油机:EQ6100—1——表示东风汽车工业公司生产,六缸,四冲程,直列,缸径 100 mm,水冷,第一种类产品。

柴油机:CA6110——表示第一汽车集团公司,六缸,四冲程,直列,缸径 110 mm,水冷,基本型。

任务3 发动机的性能与特性

一、发动机的主要性能指标

评价发动机工作性能的指标有指示指标和有效指标。

指示指标:指的是以物质在气缸内对活塞做功为基础的指标。指示指标用来评价发动机实际工作循环进行的好坏,以及燃料的热能转变为功的完善程度。指示指标在生产和使用中应用不多。

有效指标:指的是以发动机曲轴对外输出功率为基础的指标。

指示指标和有效指标的主要区别在于:有效指标扣除了发动机在热功转换过程中为维持实际循环工作过程中所消耗掉的功。

有效指标的动力性指标显示了发动机对外输出实际能被利用的功的大小,而其经济性指标则显示了燃料的热能有多少转为能被利用的有效功。在实际生产和使用中,评价发动机性能好坏,以及评价发动机维修质量的好坏,都使用有效指标。

在这里,介绍常用的几个发动机有效指标。

1. 有效耗油率 g_e

g_e 是有效经济性指标。它是指发动机每发出 1 km 的有效功率,在 1 h 内所消耗的燃油克数。

$$g_e = \frac{G_T}{P_e} \times 10^3 \quad [g/(kW \cdot h)]$$

式中,G_T——发动机工作每小时耗油量,单位为 mL/h。

2. 有效转矩 M_e 和有效功率 P_e

M_e 和 P_e 是有效动力性指标,用来衡量发动机动力性大小。M_e 和 P_e 之间有如下关系:

$$M_e = \frac{60 \times 1\,000 P_e}{2\pi n} = \frac{9\,550 P_e}{n} \quad N \cdot m$$

式中,n 为发动机转速,单位为 r/min。

二、发动机的特性

发动机的特性是指发动机的有效性能指标随调整情况和使用工况而变化的关系,通常用曲线来表示它们之间的关系,这条曲线被称为特性曲线。

- 有效性能指标随调整情况而变化的关系称为调整特性,如汽油机的燃料调整特性、点火提前角调整特性、柴油机的喷油提前角调整特性等。
- 有效性能随使用工况而变化的关系称为使用特性、如速度特性、负荷特性等。

通过对特性曲线的分析,可以评价发动机在不同工况下的动力性、经济性及其他运转性能,为合理选择、有效利用发动机以及评价发动机维修后质量好坏提供依据。

在这里,介绍并应用较多的是发动机的速度和负荷两个使用特性。

1. 速度特性

发动机速度特性是指在化油器节气门开度(或喷油泵供油拉杆位置)一定的条件下,发动机的有效功率 P_e、有效转矩 M_e、有效耗油率 g_e 随发动机转速变化的规律。节气门开度最大时(或喷油泵供油拉杆在标定功率的循环供油量位置时),测得的速度特性,称为外特性。部分开度时(或喷油泵供油拉杆所处位置供油量小于标定功率的循环供油量位置时),测得的速度特性,称为部分特性。

(1) 汽油机外特性曲线分析。图 1-13 所示为 BJ492 发动机的外特性曲线图。由图分析可知:

- 当发动机转速 $n = n_M$ 时,发动机发出转矩最大;当 $n < n_M$ 或 $n > n_M$ 时,发动机转矩都将减少。
- 当 $n = n_P$ 时,发动机发出功率最大;当 $n < n_P$ 或 $n > n_P$ 时,发动机功率都减小。
- 当 $n = n_G$ 时,发动机有效耗油率最小;当 $n > n_G$ 或 $n > n_G$ 时,有效耗油率将增大。

由以上分析可知,一般汽油机工作范围应在 n_P 与 n_M 之间,当 $n > n_P$ 时,汽油机的动力性、经济性和可靠性均大大下降,因而不能使用;当 $n < n_M$ 时,汽油机工作不稳定,也不能使用;在 $n_P \sim n_M$ 转速范围内,从经济性角度看,经济性较好。因此这个转速范围可作为汽油机常用转速范围的参考依据。

(2) 柴油机外特性曲线分析。图 1-14 所示为 6210Q 柴油机外特性曲线图。由图分析可知,M_e 与转速的关系是:

- 发动机转矩 M_e 随发动机转速 n 增加而缓慢增加;

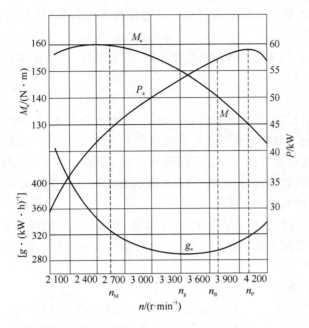

图 1-13　BJ492 汽油机外特性

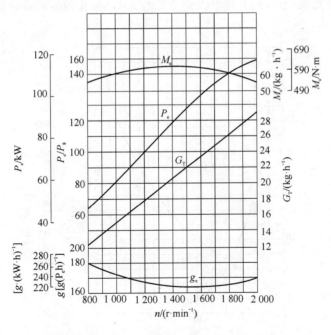

图 1-14　6120Q 柴油机外特性曲线图

- 在中等转速范围内，M_e 随 n 变化很小；
- 在高速时，M_e 随 n 增加而降低；

这样柴油机的转矩曲线就比较平缓，这对柴油机运转的稳定性和克服超载能力是不利的。为此，柴油机必须通过调速器中的油量校正装置来改造柴油机外特性转矩曲线。

有效功率 P_e 曲线，由于不同转速时 M_e 变化不大，在一定转速范围内，P_e 几乎随 n 上升成正比增加，但 n 大到一定数值时，P_e 虽然有上升，然而由于循环供油量增加，燃烧恶化,排放黑烟严重,因此柴油机的标定功率会受冒烟界限限制,其最高转速需由调速器来限制。

有效耗油率 g_e 曲线变化趋势与汽油机相同,但较平坦,说明柴油机在较大的转速范围内,都有比较好的经济性。

2. 负荷特性

发动机负荷特性是指,在发动机转速一定时,逐渐改变节气门开度(或改变喷油泵供油拉杆位置),发动机每小时耗油量 G_T、有效耗油率 g_e 随有效功率 P_e(或有效转矩 M_e)变化而变化的关系。负荷特性可用来评定不同转速及不同负荷下发动机的经济性。

(1)汽油机负荷特性曲线分析如图 1-15 所示为 6100Q 汽油机负荷特性曲线图。由图分析可知,G_T 与 P_e 的关系是:

- 随节气门开度增大,有效功率 P_e 由小增大,发动机每小时耗油量 G_T 随之上升。
- 当节气门开度达到全开的 80% 时,化油器加浓装置开始工作,G_T 上升速度加快,曲线变陡。

g_e 与 P_e 的关系是:

- 当发动机在怠速状态运转时,输出有效功率 $P_e=0$,故有效耗油率 g_e 曲线趋向无穷大。
- 随节气门开度增大,P_e 由小变大,g_e 迅速下降,直至降到最低值。
- 随 P_e 继续加大,节气门开度增大到全开的 80% 时,化油器加浓装置开始工作,g_e 又有所上升。

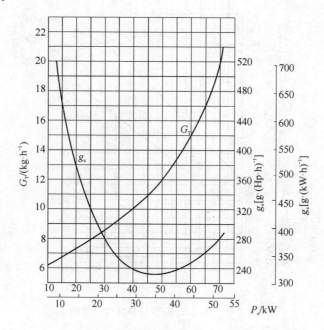

图 1-15 6100Q 汽油机负荷特性曲线

(2)柴油机负荷特性曲线分析图 1-16 为 6135Q 柴油机负荷特性曲线图,其中标明 1 200、1 800 二条曲线分别是额定转速为 1 200 r/min 和 1 800 r/min 时的有效耗油率 g_e 的曲线。

由图分析可知,G_T 与 P_e 的关系是:

- G_T 随 P_e 增大而近似直线上升,直至 P_e 增大到等于全负荷的 90% 时。

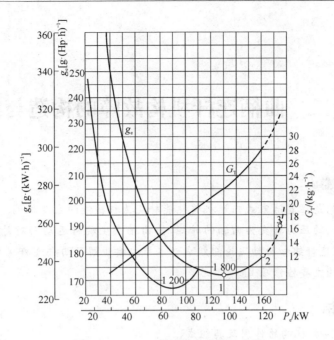

图 1-16　6135Q 柴油机负荷特性曲线

- 当负荷继续增大，G_T 迅速加大，曲线变陡。

g_e 与 P_e 的关系是：

- 有效耗油率 g_e 在急速时趋向无穷大，随 P_e 增加，g_e 下降。
- 当 P_e 增大到等于全负荷的 90% 时，g_e 达到最小值，图中点 1 所示。
- 再增加负荷，g_e 上升至曲线点 2 时，柴油机排放黑烟，至曲线点 3 时，柴油机发出最大功率。

为了避免由排放黑烟而引起的环境污染、易使燃烧室积炭和发动机过热现象等，采用由调速器来控制标定的循环供油量、可使标定功率限制在曲线点 2 以内。

从负荷特性曲线上可以看出，在接近全负荷时，P_e 最低，因此，为了提高汽车的燃料经济性，希望发动机经常处于低 P_e、负荷又较大的经济负荷区运行。

 每章一练

1. 发动机的主要作用是什么？
2. 发动机常用术语定义和气缸工作容积、气缸总容积、压缩比的计算公式是什么？
3. 四冲程汽油机和四冲程柴油机工作过程的主要不同之处在哪里？
4. 二冲程汽油机和二冲程柴油机工作过程的主要不同之处在哪里？
5. 说出发动机主要组成部分名称和每个组成部分的主要部件名称。
6. 发动机主要有效性能指标定义和计算公式是什么？
7. 什么是发动机速度特性？
8. 简单分析汽油机的外特性曲线。
9. 什么是发动机负荷特性？
10. 简单分析柴油机的负荷特性。

项目二　曲柄连杆机构故障的构造与维修

 **本章概述**

曲柄连杆机构是往复活塞式内燃机将热能转变为机械能的主要机构。它的作用是将燃气作用在活塞顶上的压力转变为曲轴的转矩,使曲轴产生旋转运动而对外输出动力。它主要由机体组,活塞连杆组和曲轴飞轮组组成。本章主要讲解了曲柄连杆机构的组成,各部分的工作原理及其的主要检修项目。

 教学目标

1. 掌握曲柄连杆机构的作用及其组成。
2. 掌握机体组作用、组成、结构,了解机体组的材料。
3. 了解发动机的支撑形式,重点掌握多缸发动机的曲拐布置和点火顺序。
4. 掌握活塞连杆组作用、组成、结构,了解活塞连杆组的材料。
5. 掌握曲轴飞轮组作用、组成、结构,了解曲轴飞轮组的材料。
6. 掌握主要零部件的检测方法和维修方法。

任务1　曲柄连杆机构概述

一、曲柄连杆机构的作用及组成

1. 曲柄连杆机构的作用

曲柄连杆机构是往复活塞式内燃机将热能转变为机械能的主要机构。它的作用是将燃气作用在活塞顶上的压力转变为曲轴的转矩,将活塞的上下往复运动转换为曲轴的旋转运动并使曲轴对外输出动力。

2. 曲柄连杆机构的组成。

曲柄连杆机构由三部分组成:机体组、活塞连杆组和曲轴飞轮组。

机体组:主要包括气缸体、曲轴箱、气缸盖、气缸套和气缸垫等机件。

活塞连杆组:主要包括活塞、活塞环、活塞销和连杆等机件。

曲轴飞轮组:主要包括曲轴、飞轮和扭转减振器等机件。

二、工作条件及受力分析

发动机工作时气缸内最高温度可达2 500 ℃以上,最高压力可达5～9 MPa。现代发动机的最高转速一般可达4 000～6 000 r/min,活塞每秒要进行上百个行程,其线速度是很高的。此外与可燃混合气和燃烧废气接触的机件(如气缸、气缸盖、活塞组等)还将受到化学腐蚀和电化学腐蚀。因此曲柄连杆机构是在高温、高压、高速和有腐蚀的条件下工作的。

由于曲柄连杆机构是在高压下做变速运动,因此,它在工作中的受力情况很复杂。其中主要有气体作用力、运动质量的惯性力、旋转运动件的离心力以及相对运动件的接触表面所产生的摩擦力等。

1. 气体作用力

气体压力是造成机件磨损和损坏的主要因素。如活塞与活塞销、活塞销与连杆衬套、连杆轴承与连杆轴颈、主轴承与主轴颈等在气体压力作用下互相压紧。在运动中产生磨损同时,气体压力还会使活塞紧压在气缸壁上,从而加剧活塞、活塞环和气缸壁的磨损。

在每个工作循环的四个行程中,气体压力始终存在。但由于进气、排气两个行程中的气体压力较小,对机件影响不大,故这里主要分析做功和压缩两个行程中气体的作用力。

在做功行程中,气体压力推动活塞向下运动。如图 2-1(a)所示,设活塞所受的总压力为 F_p 传到活塞销上可分解为 F_{p1} 和 F_{p2}。

F_{p1} 通过活塞销传给连杆,并沿连杆方向作用在连杆轴颈上 F_{p1} 还可分解为两个分力 F_R 和 F_S。分力 F_R 沿曲柄方向使曲轴主轴颈与主轴承间产生压紧力,分力 F_S 垂直于曲柄,它除了使主轴颈和主轴承之间产生压紧力外,还对曲轴产生转矩 T 驱动曲轴旋转,F_{p2} 把活塞压向气缸壁,形成活塞与缸壁间的侧压力有使机体翻倒的趋势。故机体下部的两侧应支撑在车架上。

在压缩行程中,气体压力是阻碍活塞向上运动的阻力,这时作用在活塞顶上的气体总压力也可分解为 F'_{p1} 和 F'_{p2}[图 2-1(b)],F'_{p1} 又可分解为 F'_R 和 F'_S 分力,F'_S 对曲轴形成一个旋转阻力矩 T',企图阻止曲轴旋转,而 F'_{p2} 则将活塞压向气缸的另一侧壁。由上述分析可知,做功行程中气体压力越大,发动机动力也越大。

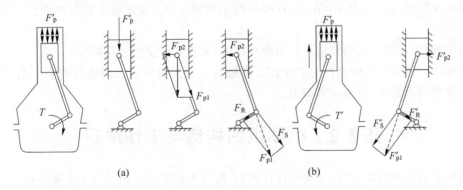

图 2-1 气体压力作用情况示意图

2. 离心力与往复惯性力

物体绕某一中心做旋转运动时,就会产生离心力(旋转速度发生变化时,还会产生转动惯量)。往复运动的物体,当运动速度变化时,将产生往复惯性力。这两种力在曲柄连杆机构的运动中都存在。

偏离曲轴轴线的曲柄、连杆轴颈和连杆大头在绕曲轴轴线旋转时,将产生离心力 F_c (图 2-2),其方向沿曲柄向外 F_c 在垂直方向上的分力 F_{cy} 与往复惯性力 F_{cj} 的方向总是一致的因而加剧了发动机的上下振动而水平方向上的分力 F_{cx} 则使发动机产生水平方向的振动,另外,离心力使连杆大头的轴承和轴颈、曲轴主轴承和轴颈受到又一附加载荷,增加了它们的变形和磨损。

当活塞从上止点向下止点运动时,其速度变化规律是:从零开始逐渐增大,临近中间达最大值,然后又逐渐减小至零。也就是说,当活塞向下运动时,前半行程是加速运动,惯性力向上,以 F_j 表示[图 2-2(a)];后半行程是减速运动,惯性力向下,以 F_j' 表示[图 2-2(b)]。同理,当活塞向上运动时,前半行程惯性力向下,后半行程惯性力向上。

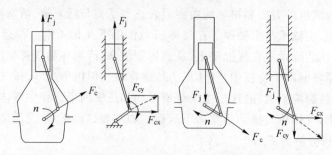

(a)活塞上半冲程的惯性力和离心力　(b)活塞下半冲程的惯性力和离心力

图 2-2　往复惯性力和离心力作用示意图

由于往复惯性力和气体压力都可以认为是作用于气缸中心,只是上、下方向有时不同,因此惯性力分解后引起各传动机件的受力情况和气体压力相同,但惯性力不作用于气缸盖。它在单缸发动机内部是不平衡的,会引起发动机上下振动。多缸发动机的惯性力可能在各缸之间相互平衡,引起振动的倾向大为减小。

摩擦力

摩擦力的存在是造成配件表面磨损的根源,曲柄连杆机构中互相接触的表面做相对运动时都存在摩擦力。其大小与正压力和摩擦系数成正比,其方向总是与相对运动的方向相反。

为了方便,上述各力的分析不是单独存在的,各机件所受的力是综合的。

曲柄连杆机构产生的惯性力和摩擦力都是有害的。为保证运动精度和装配精度,需要采取一定的润滑措施,以减少摩擦力。

任务 2　机体组的构造与工作原理

机体组是发动机的支架,是曲柄连杆机构、配气机构和发动机各系统主要零部件的装配基体。它主要由气缸盖罩、气缸盖、气缸垫、气缸体及油底壳等组成。

一、气缸体和曲轴箱

1. 气缸体的基本结构

气缸体与曲轴箱是连铸体。绝大多数水冷发动机的气缸体都与曲轴箱连铸在一起,而且多缸发动机的各个气缸也合铸成一个整体。

气缸体是发动机各个机构和系统的装配基体,并由它来保持发动机各运动件相互之间的准确位置关系。气缸体下部为支撑曲轴的曲轴箱,如图 2-3 所示。

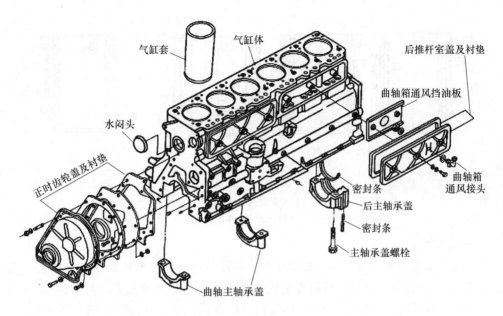

图 2-3 发动机气缸体

气缸体按冷却方式分为水冷式和风冷式。

整体式气缸体有上、下两个平面,用以安装气缸盖和下曲轴箱。它往往也是气缸修理的加工基准。

气缸体的材料一般采用灰铸铁、球墨铸铁、合金铸铁、铝合金。

气缸体有三种结构方式,一般式、龙门式和隧道式,如图 2-4 所示。一般式气缸体的发动机的曲轴轴线与气缸体下平面在同一平面上。一般式气缸体便于机械加工,但刚度较差。曲轴前后端的密封性较差。多用于中小型发动机。龙门式气缸体的曲轴轴线高于气缸体下平面。龙门式气缸体其特点是结构刚度和强度较好,密封简单可靠,维修方便,但公益性较差,大中型发动机采用。隧道式气缸体主油孔不分开,它的特点是结构刚度最大,其质量也最大。主轴承的同轴度容易保证,但拆装比较麻烦,多用于主轴承采用滚动轴承的组合式曲轴。

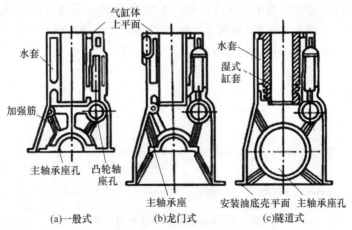

图 2-4 曲轴箱的基本结构形式

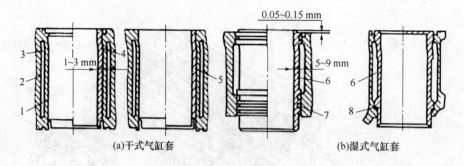

图 2-5 气缸套
1—气缸壁；2—气缸冷却水套壁；3—冷却水套；4—可卸式干缸套；
5—干缸套；6—可卸式湿缸套；7—橡胶密封圈；8—铜密封圈

2. 气缸与气缸套

气缸体上部有一个或数个为活塞在其中运动作导向的圆柱形空腔，称为气缸。气缸工作表面受燃气的高温高压作用，且活塞在其中做高速运动，因此要求其耐高温、耐高压、耐磨损和耐腐蚀。为了适应气缸的工作条件，提高气缸表面的耐磨性，可从材料、结构和加工精度等方面来考虑。气缸体材料一般采用优质灰铸铁制造，有时在铸铁中加入少量合金元素，如镍、钼、铬和磷等，以提高其耐磨性，有些气缸还采用表面处理，如表面淬火和镀铬等。

但是，如果气缸体全部采用优质耐磨材料制造，将造成材料上的浪费，因为除了与活塞配合的气缸壁表面外，其他各部分对耐磨性的要求并不高。所以近年来多采用在气缸体内镶入气缸套，形成气缸工作表面。这样，气缸套可用耐磨性较好的合金铸铁或合金钢制造，以延长气缸使用寿命，而气缸体则可以用价格较低的普通铸铁或铝合金等材料制造。气缸套有干式和湿式两种。

干式气缸套的机械强度好，但冷却强度差。

湿式气缸套的优点是缸体上没有封闭的水套，铸造比较容易，又便于修理更换，且散热效果好。缺点是缸体的刚度差，易产生穴蚀，且易漏水漏气。主要用于高负荷发动机和铝合金缸体发动机。

气缸按照排列方式不同分为直列式、水平对置式、V形三种。

直列式发动机一般缩写为L。发动机的各个气缸排列成一列，所有气缸共用一根曲轴和一个缸盖。气缸一般垂直布置，如图2-6所示。直列式发动机结构简单，易于制造，从而在一定程度上降低了成本，但长度和高度较大。

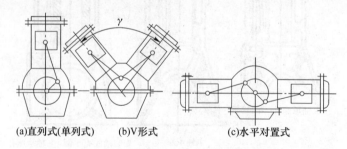

图 2-6 多缸发动机气缸排列形式

水平对置式发动机两列气缸之间的夹角为180°，一根曲轴，两个缸盖。曲轴的每个轴径上连接两个连杆。水平对置式发动机的最大优点是重心低。它不仅降低了汽车的重心，还能让车头设计得又扁又低，这些因素都能增强汽车的行驶平稳性。

V型发动机将气缸排列成两列。气缸中心线的夹角小于180°，最常见是60°～90°，这种设计采用一根曲轴驱动两列气缸的活塞运动曲轴上每个连杆轴径上。连接两个连杆发动机必须有两个缸盖。V型发动机结构缩短了发动机的长度，降低了发动机的高度。同时得益于气缸对置分布，还可以抵消一部分震动，使发动机运转更为平顺。

二、气缸盖与气缸垫

1. 气缸盖

气缸盖的主要功用是封闭气缸上部并与气缸和活塞顶部共同构成燃烧室。

气缸盖是发动机上最复杂的零件之一，它包括新鲜气体和废气通道、气门座、气门和凸轮轴部分的支撑和导向、火花塞螺纹孔、冷却液通道、燃烧室。

气缸盖由于形状复杂，一般都采用灰铸铁或合金铸铁，也有的用铝合金铸造。

2. 燃烧室

汽油机燃烧室是由活塞顶部和气缸盖上相应凹坑组成的。

对燃烧室的基本要求：

- 一是结构尽可能紧凑，冷却面积要小，以减少热量损失及缩短火焰行程。
- 二是使混合气在压缩终了时能有一定的涡流，以提高混合气的混合质量和燃烧速度。保证混合气能充分燃烧。

几种汽油机燃烧室类型如图2-7所示。

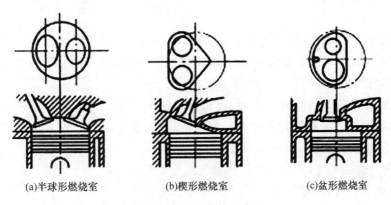

(a)半球形燃烧室　　(b)楔形燃烧室　　(c)盆形燃烧室

图2-7　汽油机燃烧室类型

3. 气缸垫

气缸垫用来保证气缸体与气缸盖接合面间的密封，防止漏气、漏水。

气缸垫接触高温、高压气体和冷却水，在使用中很容易被烧蚀。特别是缸口卷边周围，因此，气缸垫要耐热、耐蚀。具有足够的强度、一定的弹性和导热性，从而保持可靠的密封。

气缸垫的材料应用较多的是金属-石棉垫。

气缸垫安装时应注意将卷边朝向易修整的接触面或硬平面。

① 如气缸盖和气缸体同为铸铁时，卷边应朝向气缸盖（易修整）。

② 如气缸盖为铝合金，而气缸体为铸铁时，卷边应朝向气缸体。

4. 油底壳

油底壳的作用是储存机油并封闭曲轴箱。一般由薄钢板冲压而成,也有的发动机为达到良好的散热面积而采取带有散热片的铝合金铸造而成的轻金属油底壳。

为保证发动机纵向倾斜时机油泵能吸到机油,油底壳中部或后部较深,有时在油底壳中设置挡油板,以减轻油面波动。底部装有磁性的放油螺栓,以吸附润滑油中的铁屑,减少发动机的磨损。油底壳结构如图2-8所示。

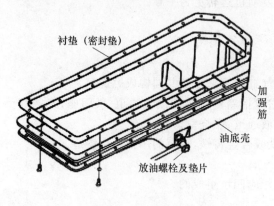

图2-8 油底壳结构

三、机体组常见故障及检修

1. 气缸体与气缸盖的常见损伤

（1）裂纹

① 曲轴在高速转动时产生振动,增加了气缸体的负荷,使气缸体的薄弱部位发生裂纹。

② 发动机处于高温状态时突然加入大量冷水,或因水垢积聚过多而散热不良,使水道壁产生裂纹。

③ 镶换气缸套时,过盈量选择过大或压装工艺不当造成气缸局部裂纹。

④ 气缸盖的裂纹多发生在进、排气门座之间的过梁处,这是由于气门座或气门导管配合过盈量过大与镶换工艺不当所引起。

（2）变形

气缸体变形。气缸体在使用过程中发生变形的现象是普遍存在的。

① 由于拆装螺栓时力矩过大或不均,或不按顺序拧紧以及在高温下拆卸气缸盖等原因会引起气缸体与气缸盖的结合平面翘曲变形。

② 曲轴轴承座孔同轴度偏差增大,或是受到整个气缸体变形的影响;或是由于曲轴轴承座孔处厚薄不均,而致铸造残余应力不均衡,并在使用中引起变形。

气缸体与气缸盖的变形,致使气缸体与气缸盖平面度误差扩大,将造成气缸密封不严、漏水、漏气,甚至燃气冲坏气缸垫,从而严重影响发动机的装配质量。

（3）磨损

气缸的磨损程度是衡量发动机是否需用大修的重要依据之一。

在正常磨损情况下,气缸磨损的特点是不均匀磨损。气缸在活塞环的运动区域内沿工作表面呈上小下大的不规则锥形磨损。如图2-9所示,磨损的最大部位是活塞在上止点位置时第一道活塞环相对应的气缸壁,而活塞环接触不到的,上口几乎没有磨损而形成了明显的"缸肩"。

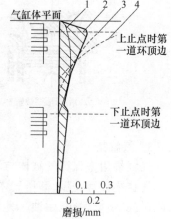

图2-9 气缸的锥形磨损
1—金属磨料磨损;2—正常磨损;
3—灰尘磨料磨损;4—酸性腐蚀磨损

气缸沿圆周方向的磨损也是不均匀的,并形成不规则的椭圆形。其最大磨损部位往往随气缸结构、使用条件不同而异,一般是前后或左右方向磨损最大。

气缸是在润滑不良、高温、高压、交变载荷和腐蚀性物质作用的恶劣环境下工作的。同时由于活塞、活塞环在气缸内高速往复运动,也会使气缸工作表面发生磨损。

气缸的最大磨损位置处在第一道活塞环在上止点的部位。该部位磨损最大的主要原因是:

① 可燃混合气燃烧产生的酸性物质对气缸壁起腐蚀作用,当发动机燃用高硫分燃油和发动机长期低温使用,以及在低温状态下频繁起动时,这种腐蚀磨损更为严重。

② 由于活塞环换向,运动速度几乎为零,环的布油能力最差,油膜不易建立,此时活塞环的背压最大,使其接触面间的油膜形成更困难。因此,气缸壁形成了上大下小的机械磨损。

③ 燃烧产生的高温、高压,使活塞承受的侧向力加大且冷却不够,气缸与活塞可能由于干摩擦使两者熔融黏着或剥落,造成黏着磨损。

④ 进气中的灰尘在此处缸壁上附着量较多,因此加剧了此处的磨料磨损。

2. 气缸体与气缸盖的检修

(1) 检查气缸盖平面

将气缸盖翻过来,把刀形样板尺放到气缸盖下表面上,用塞尺检查气缸盖的平面度。气缸盖的平面度最大不得超过 0.1 mm。如超过最大极限值,应予以修理或更换,修理后的气缸盖高度 a 不得低于规定值,如图 2-10 所示。

(2) 气缸体与气缸盖裂纹的检修

气缸体裂纹的检查一般采用水压试验法,试验时,应用专用的盖板封住气缸体水道口,用水压机将水压入缸体水道中,要求在 0.3~0.4 MPa 的压力下,保持约 5 min 且没有任何渗漏现象。

(3) 气缸磨损的测量

使用刻度范围 50~200 的量缸表,如图 2-11 所示,在气缸内三个位置上进行横向(A 向)和纵向(B 向)垂直测量。

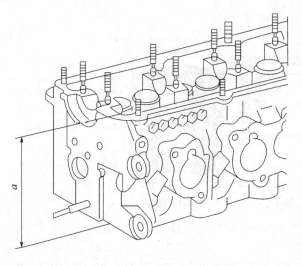

图 2-10 气缸盖修复尺寸

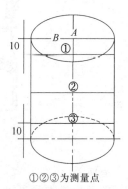

①②③为测量点

图 2-11 检查气缸直径

任务3 活塞连杆组个构造与工作原理

活塞连杆组由活塞、活塞环、活塞销和连杆等主要机件组成,如图2-12所示。

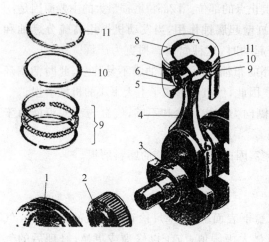

图2-12 普通活塞连杆组的组成

1—带轮;2—正时齿轮;3—主轴径;4—连杆;5—卡环;
6—活塞销;7—活塞环槽;8—活塞;9—油环;
10—第二道气环;11—第一道气环

一、活塞

1. 活塞的作用及材料

活塞的功用是封闭气缸,与气缸盖、气缸壁共同构成燃烧室,承受气缸中气体压力并通过活塞销和连杆传给曲轴。

活塞应有足够的强度和刚度,质量尽可能小,导热性能好,有良好的耐热性、耐磨性,温度变化时尺寸及形状的变化小。因为活塞承受的气体压力和惯性力是呈周期性变化的,活塞的不同部分会受到交变的拉伸、压缩或弯曲载荷,并且由于活塞各部分的温度极不均匀,会在活塞内部产生一定的热应力。

汽车发动机目前广泛采用的活塞材料是铝合金,因为铝合金活塞具有质量小,导热性好的优点。缺点是热膨胀系数较大,在高温时强度和刚度下降较大,故一般要在结构设计、机械加工或热处理时,采用各种措施加以弥补。有的柴油机上也采用高级铸铁或耐热钢制造活塞。

2. 活塞的结构

根据活塞各部分的作用不同,活塞可分为三部分,即活塞顶部、活塞头部和活塞裙部,如图2-13所示。

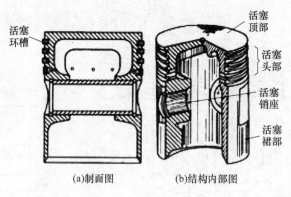

图2-13 活塞结构示意图

(1) 活塞顶部

活塞顶部是燃烧室的组成部分,用来承受气体压力。为了提高刚度和强度,并加强其散热能力,背面多有加强筋。根据不同的目的和要求,活塞顶部制成各种不同的形状,它的选用与燃烧室形式有关。汽油机活塞顶部多采用如图2-14所示的几种形式。

平顶活塞结构简单,加工方便,受热面积小,在汽油机上应用广泛。凸顶式活塞顶部刚度大,可获得较大的压缩比,能增加挤流强度,有利于改善换气过程,但顶部温度较高。凹顶活塞可以通过凹坑深度获得不同的压缩比,但顶部受热面积大,易形成积碳,加工制造比较困难。

活塞顶部有一定的标记,安装时应注意朝前符号。

(2) 活塞头部

活塞头部是最下边一道活塞环槽以上的部分。其主要作用是:承受气体压力,并传给连杆;与活塞环一起实现对气缸的密封;将活塞顶所吸收的热量通过活塞环传给气缸壁。

活塞头部切有若干道用于安装活塞环的环槽。汽油机活塞一般有 3～4 道环槽,上面 2～3 道用于安装气环,下面一道用于安装油环。在油环槽底面上钻有许多径向小孔,如图 2-15 所示,使得被油环从气缸壁上刮下来的多余机油经过这些小孔流回油底壳。

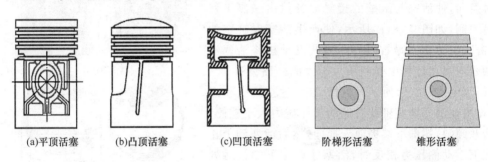

(a)平顶活塞　　(b)凸顶活塞　　(c)凹顶活塞　　阶梯形活塞　　锥形活塞

图 2-14　活塞顶部形状　　　　　图 2-15　为保证运动间隙
　　　　　　　　　　　　　　　　　　　　　　活塞的制作形状

有的发动机活塞在第一道环槽上面,切出一道较环槽窄的隔热槽,其作用是隔断从活塞顶部热流向下传导的部分通路,迫使热流方向折转,把原来应由第一道活塞环散走的热量,分散给第二、第三道环,以消除第一环过热后产生积炭和卡死在环槽上的可能性。为了保护环槽,有的发动机在环槽部位铸入用耐热材料制造的环槽护圈,以提高活塞的使用寿命。

(3) 活塞裙部

自油环槽下端面起至活塞底面的部分称为活塞裙部,其作用是为活塞在气缸内做往复运动导向和承受侧压力,并且传递压力给连杆,包括活塞销座孔。

为使活塞在各种工况下均能与气缸壁间保持合理的密封和运动间隙,避免卡死或拉缸的情况出现。制造活塞是通常采取下列结构措施:

① 预先做成阶梯形、锥形

活塞沿高度方向的温度很不均匀,活塞的温度是上部高、下部低,膨胀量也相应是上部大、下部小。为了使工作时活塞上下直径趋于相等,即为圆柱形,就必须预先把活塞制成上小下大的阶梯形、锥形。

② 预先做成椭圆形

椭圆的长轴方向与销座垂直,短轴方向沿销座方向。这样活塞工作时趋近正圆。

③ 开膨胀槽和绝热槽

为了减小活塞裙部的受热量,通常在裙部开有横向的隔热槽儿,而为了补偿裙部受热后的变形量全部又开有纵向的膨胀槽,膨胀槽的形状有 T 形和 Π 形,如图 2-16 所示。

④ 使用双金属活塞

为了减小铝合金活塞裙部的热膨胀量,有些汽油机活塞在活塞裙部或销座内嵌入钢片。恒范钢片式活塞的结构特点就是这样的,由于恒范钢为含镍 33%～36% 的低碳铁镍合金,其膨胀系数仅为铝合金的 1/10,而销座通过恒范钢片与裙部相连,牵制了裙部的热膨胀变形量。双金属活塞,如图 2-17 所示。

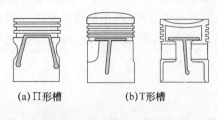

(a)Π形槽　　(b)T形槽

图 2-16　活塞裙部开槽形状

⑤ 活塞销孔偏置

销座孔的中心线一般位于活塞中心线的平面内。当活塞到上止点改变运动方向时,由于侧压力瞬时换向,使活塞与缸壁的接触面突然由一侧平移至另一侧,如图 2-18(a)所示,便产生活塞对缸壁的"敲击"(俗称活塞敲缸)因此,有些发动机将活塞销座轴线向做功行程中受侧压力较大的一面偏移 1～2 mm,如图 2-18(b)所示。这样,在活塞接近上止点时,作用在活塞销座轴线右侧的气体压力大于左侧。使活塞倾斜,裙部下端提前先换向,然后活塞到上止点向下运动侧压力相反时,活塞才以左下端接触处为支点,顶部向左转(不是平移),完成换向,从而使换向冲击力大为减弱。

⑥ 裙部制成近椭圆形

活塞往复运动时,在连杆的作用下,其垂直于销座轴线方向的两个侧面交替着与气缸壁接触。受到气缸壁侧压力的挤压,使该方向尺寸趋向缩短。而销座轴线方向的尺寸增大。另外,活塞销座部分材料较厚。销座轴线方向的热膨胀量较大。所以,将活塞裙部横截面加工成销座孔轴线方向稍短的椭圆形。

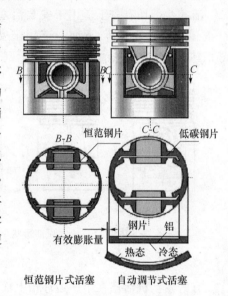

图 2-17　双金属活塞

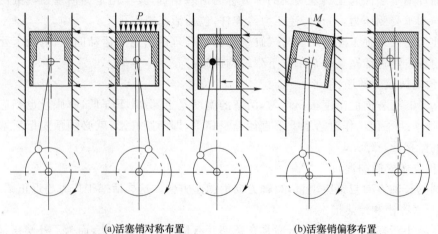

(a)活塞销对称布置　　(b)活塞销偏移布置

图 2-18　活塞销位置与活塞的换向过程

二、活塞环

活塞环是具有弹性的开口,在自由状态下其外径比缸径略大。当装有活塞环的活塞装入气缸时活塞环就会在弹力的作用下压贴在气缸壁上。活塞环分气环和油环两种类型。

1. 活塞环的作用

气环的作用是保证活塞与气缸壁间的密封,防止气缸中的气体窜入曲轴箱,同时还将活塞头部的热量传给气缸,再由冷却水或空气带走。另外,气环还起刮油、布油的辅助作用。

油环的作用是用来将气缸壁上多余的机油刮回油底壳,并在气缸壁上均匀地布油,这样既可以防止机油窜入燃烧室,又可以减小活塞、活塞环与气缸的摩擦力和磨损。此外,油环也兼起密封作用。

2. 活塞环的工作条件

活塞环是在高温、高压、高速和润滑困难的条件下工作的。它的运动情况也很复杂,不仅有与环槽侧面的上下撞击,还与缸壁有高速的滑动摩擦,并且由于活塞环的径向张缩运动而产生的与环槽侧面的摩擦。因此,活塞环是发动机中寿命最短的零件之一。当活塞环磨损至失效时,将出现发动机起动困难,功率下降,曲轴箱压力升高,机油消耗增加,排气冒蓝烟,燃烧室、活塞等表面严重积炭等不良状况。

3. 活塞环的结构

发动机工作时,活塞和活塞环都会发生热膨胀,并且活塞环随活塞在气缸内做往复运动时,有径向张缩变形现象。因此,活塞环在气缸内应有开口间隙,与活塞环槽间应有侧隙与背隙,如图 2-19 所示。

① 端隙。端隙又称为开口间隙,是活塞环在冷态下装入气缸后,该环在上止点时的两端之间的间隙,一般为 0.25~0.50 mm。

② 侧隙。侧隙又称为边隙,是指活塞环装入活塞后,其侧面与活塞环槽之间的间隙。第一环因工作温度高,间隙较大,一般为 0.04~0.10 mm。其他环一般为 0.03~0.07 mm。油环的侧隙比气环小。

③ 背隙。背隙是活塞及活塞环装入气缸后,活塞环内圆柱面与活塞环槽底部的间隙,一般为 0.05~1.00 mm。油环背隙比气环大,以增大存油,有利于减压泄油。

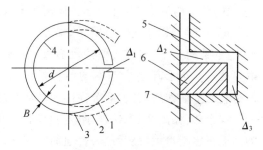

图 2-19 活塞环的间隙
1—活塞环处于工作状态时的形状;
2—活塞环处于自由状态时的形状;
3—工作面;4—内表面;5—活塞;6—活塞环;
7—气缸;Δ_1—开口间隙(端隙);Δ_2—侧隙;
Δ_3—背隙;d—活塞环内径;
B—活塞环宽度

(1) 气环

① 气环的密封原理:活塞环在自由状态下,其外圆直径略大于缸径,如图 2-20 所示,所以,气环装入气缸后,气环就产生一定的弹力 F_1 与缸壁压紧,形成第一密封面,如图 2-20 所示。在此条件下,气体不能从环外圆与缸壁之间通过,便窜入侧隙和背隙。另外,活塞环在运动时产生惯性力,并与缸壁间产生摩擦力。因此,活塞环与环槽侧面密封的压紧力是气体压力、惯性力和摩擦力三个沿气缸轴线方向力的代数和。在做功与压缩行程时,气体压力一般起主导作用,使活塞环被压紧在环槽下侧面形成第二密封面。一般情况下,排气行程时第二密封面也在环的下侧,而进气行程在环的上侧。

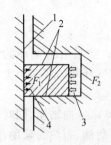

图 2-20 活塞环密封原理
1—第一密封面；2—第二密封面；
3—背压力 F_2；4—活塞环自身弹力 F_1

此外，窜入活塞环背隙的气体，将产生背压力 F_2 使环对缸壁进一步压紧，加强了第一、第二密封面的密封性，称为第二次密封。做功行程时，环的背压力远远大于环的弹力，所以此时第一、第二密封面的密封性好坏，主要是靠第二次密封。但是，如果环的弹力不够，而在环面与缸壁间出现缝隙，此缝隙就要首先漏窜气体，这样就削弱或形不成第二次密封。因此，活塞环弹力产生的密封，是形成第二次密封的前提。

② 活塞环的泵油作用：由于侧隙和背隙的存在，当发动机工作时，活塞环便产生了泵油作用。活塞环产生泵油作用的原因是：活塞下行时，环靠在环槽的上方，环从缸壁上刮下来的润滑油充入环槽下方，如图 2-21(a)所示；当活塞上行时，环又靠在环槽的下方，同时将机油挤压到环槽上方，如图 2-21(b)所示，如此反复运动，就将缸壁上的机油泵入燃烧室。

由于活塞环的泵油作用，使机油窜入燃烧室，会使燃烧室内形成积炭和增加机油消耗，并且还可能在环槽（尤其是第一道气环槽）中形成积炭，使环卡死，失去密封作用，甚至折断活塞环。

③ 气环的断面形状：为了加强密封、加速磨合、减小泵油作用及改善润滑，除了合理地选择材料和加工工艺外，在结构上还采用了许多不同断面形状的气环。

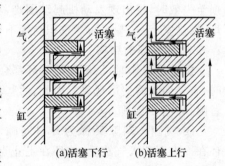

图 2-21 活塞环的泵油作用

矩形环：如图 2-22(a)所示，矩形环的断面为矩形，它的结构简单，与气缸壁接触面大，对活塞头部的散热有利。矩形环是最基本的结构形式，应用最广。但是它的泵油作用较大，磨合性能和刮油性能较差。

锥形环：如图 2-22(b)所示，与缸壁是线接触，有利于磨合和密封。随着磨损的增加，接触面面积逐渐增大，最后成为普通的矩形环。另外，这种环在活塞下行时有刮油作用，上行时有布油作用。故这种环只能按图示方向安装。为避免装反，在环端上侧面标有记号（"向上"或"TOP"等）。

梯形环：如图 2-22(c)所示，当活塞受侧压力的作用而改变位置时，环的侧隙相应地发生变化，使沉积在环槽中结焦被挤出，避免了环被黏在环槽中而失效。常用于热负荷较高的柴油机第一道环。

桶面环：如图 2-22(d)所示，目前已普遍地用于强化柴油机的第一道环。其特点是活塞环的外圆面为凸圆弧形。当活塞上下运动时，桶面环均能改变形成楔形间隙，使机油容易进入摩擦面，从而使磨损大为减少。另外，桶面环与气缸是圆弧接触，故对气缸表面的适应性较好。但圆弧表面加工较困难。

扭曲环：如图 2-22(e)所示，是在矩形环的内圆上边缘或外圆下边缘切去一部分，安装时外切口向下，内切口向上，将这种环随同活塞装入气缸时，由于环的弹性内力不对称而产生断面倾斜。

(2) 油环

油环有刮油的作用,无论活塞下行还是上行,油环都能将气缸壁上多余的机油刮下来,并经活塞上的回油孔流回油底壳,如图2-23所示。

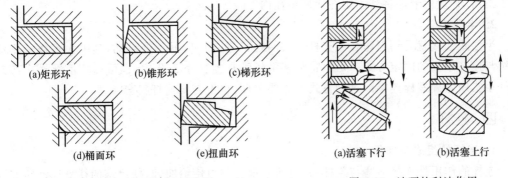

图 2-22　气环的断面形状　　　　　图 2-23　油环的刮油作用

目前,汽车发动机采用的油环有两种结构形式:整体式和组合式。

活塞环在高温、高压、润滑不良条件下高速滑动,并伴有径向缩张和环槽的撞击,是发动机中最易损坏、折断的零件之一,通常活塞环比活塞更易发生拉缸,尤其是第一道环。故要求其弹性好,耐磨性、耐热性好,强度高、有韧性等。常由优质灰铸铁、合金铸铁、合金球墨铸铁,钢带等制成,并进行表面处理。

三、活塞销

活塞销的作用:连接活塞和连杆小头,并将活塞承受的气体作用力传给连杆。

活塞销工作时承受很大的周期性冲击载荷,且高温、润滑条件差,因而要求活塞销要有足够的刚度和强度,表面耐磨,质量轻。

活塞销一般采用低碳钢或低碳合金钢,经表面淬火渗碳后再精磨加工。

按照活塞销与活塞销座孔和连杆小头的连接方式,活塞销分全浮式和半浮式两种,如图2-24所示。

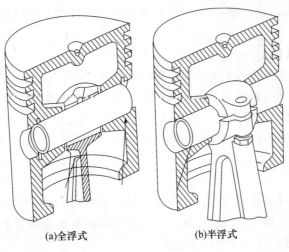

图 2-24　活塞销

1. 全浮式

在发动机正常工作温度时,活塞销能在连杆衬套和活塞销座孔中自由转动,因而增大了实际接触面积,减小了磨损且使磨损均匀,所以被广泛采用。为了防止工作时活塞销从销座孔中滑出,必须用卡环将其固定在活塞销孔内。

2. 半浮式

半浮式连接就是销与座孔或连杆小头两处,一处固定,另一处浮动,其中大多数采用活塞销与连杆小头的固定方式。可以将活塞销压配在连杆小头孔内,也可以将活塞销中部与连杆小头用紧固螺栓连接。这种方式不需要卡环,也不需要连杆衬套。

四、连杆

1. 连杆的组成与作用

连杆的作用是连接活塞与连杆,并将活塞承受的力传给曲轴,使活塞的往复运动转变为曲轴的旋转运动,还能在曲轴上产生转矩。

连杆组件由杆身、连杆盖、连杆螺栓和连杆轴承等部分组成。

连杆承受活塞销传来的气体作用力及其本身摆动和活塞往复运动时的惯性力。这些力的大小和方向都是周期性变化的。因此,连杆受到的是压缩、拉伸和弯曲等交变载荷。这就要求连杆在质量尽可能小的条件下又有足够的刚度和强度。

连杆一般采用中碳钢或中碳合金钢经模锻成型,然后进行机加工和热处理。

2. 连杆的结构

连杆由小头、杆身和大头(包括连杆盖)三部分组成。

① 小头:连杆小头与活塞销相连,工作时小头与活塞销之间有相对转动(全浮式),因此小头孔中一般有减磨的青铜衬套。为润滑活塞销与衬套,在小头和衬套上钻有集油槽,用来收集发动机运转而被激溅到上面的机油,以便润滑。有的发动机连杆小头采用压力润滑则在连杆杆身内钻有纵向的压力油通道。

② 杆身:连杆杆身通常制成"工"字形断面,以求在强度和刚度足够的前提下减小质量。

③ 大头:连杆大头与曲轴的连杆轴颈相连,除了个别小型汽油机的连杆采用整体式大头外,连杆大头一般都制成分开式,被分开的部分称为连杆盖,用特制的连杆螺栓紧固在连杆大头上。

3. 连杆螺栓及其锁止

连杆螺栓是一个要承受很大冲击力载荷的重要零件,当其发生损坏时,将给发动机带来极其严重的后果。因此一般采用韧性较高的优质合金钢或优质碳素钢锻制或冷镦成形。连杆大头在安装时,必须紧固可靠。连杆螺栓必须按原厂规定的力矩,分 2~3 次均匀地拧紧。为了可靠起见,还必须采用锁止装置,如防松胶、开口销、双螺母、自锁螺母及其螺纹表面镀铜等,以防工作时自动松动。

4. 连杆轴承

连杆轴承也称连杆轴瓦,装在连杆大头内,用以保护连杆轴颈和连杆大头孔。其在工作时承受着较大的交变载荷、高速摩擦、低速大负荷时润滑困难等苛刻条件。为此,要求轴承具有足够的强度、良好的减磨性和耐腐蚀性。

连杆轴承由钢背和减磨层组成,为两半分开式。钢背由厚 1~3 mm 的低碳钢制成,是轴承的基体,减磨层是由浇筑在钢背内圆上厚为 0.3~0.7 mm 的薄层减磨合金制成,减磨合金机油保持油膜,减少摩擦阻力和易于磨合的作用,如图 2-25 所示。

五、活塞连杆组的检修

1. 活塞的磨损和选配

（1）活塞的正常磨损

活塞的磨损主要是活塞环槽的磨损、活塞裙部的磨损和活塞销座孔的磨损等。

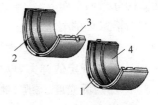

图 2-25 连杆轴承
1—钢背；2—油槽；3—定位凸键；
4—减磨合金

① 活塞环槽的磨损较大,以第一道环槽的磨损最为严重,各环槽由上而下逐渐减轻。

② 活塞裙的磨损较小。活塞裙部虽与气缸壁直接接触,但单位面积压力较小,润滑条件较好,所以磨损也较轻。通常只在侧压力较大的一侧发生轻微的磨损和擦伤。

③ 活塞销座孔的磨损是活塞在工作时受气体压力和往复惯性力的作用,使活塞销座孔产生上下方向的椭圆形磨损。由于磨损使活塞销座孔与活塞销的配合松旷,在工作中会出现异响。

此外,活塞的异常损坏主要有活塞刮伤和顶部烧蚀等。

（2）活塞的选配

当气缸的磨损超过规定值及活塞发生异常损坏时,必须对气缸进行修复,并且要根据气缸的修理尺寸选配活塞。

选配活塞时要注意以下几点：

① 同一发动机必须选用同一厂牌的活塞。活塞应成套选配,以保证其材料和性能的一致性。

② 选用同一修理尺寸和同一分组尺寸的活塞。活塞裙部的尺寸是镗磨气缸的依据,即气缸的修理尺寸是哪一级,也要选用哪一级修理尺寸的活塞。由于活塞的分组,只有在选用同一分组活塞后,才能按选定活塞的裙部尺寸进行镗磨气缸。

③ 在选配的成套活塞中,尺寸差和质量差应符合要求。成套活塞中,其尺寸差一般为 0.02~0.025 mm,质量差一般为 4~8 g,销座孔的涂色标记应相同。

2. 活塞环的损伤和选配

（1）活塞环的常见损伤

活塞环的常见损伤主要是活塞环的磨损、弹性减弱和折断等。

① 活塞环的磨损：主要是活塞环受高温高压燃气的作用以及活塞环往复运动的冲击和润滑不良所致。活塞环的磨损速度较快,在两次大修间隔的二级维护时,当气缸的圆柱度达到 0.09~0.11 mm 时,则需要更换活塞环一次。

② 活塞环弹性减弱：在使用中受高温燃气的影响,活塞环的弹性逐渐减弱,造成活塞环对气缸的压力降低,使气缸的密封性变差,出现漏气和窜油现象,发动机的动力性下降,经济性变坏。

③ 活塞环折断：由于活塞环的安装不当或端隙过小,发动机在高温、大负荷条件下工作时,活塞会卡缸或在活塞的冲击负荷作用下而折断。此外,在维护更换活塞环时未将缸壁上止点处磨损造成的缸肩修掉,也会撞断第一道活塞环。

(2) 活塞环的选配

在发动机大修时,活塞环是被当作易损件更换的。活塞环设有修理尺寸,但不因气缸和活塞的分组而分组。

对活塞环的要求是:

- 与气缸、活塞的修理尺寸一致;
- 具有规定的弹力,以保证气缸的密封性;
- 环的漏光度、端隙、侧隙和背隙应符合原厂规定。

① 活塞环的漏光度检验:活塞环的漏光度检验旨在检测环的外圆表面与缸壁的接触和密封程度,如漏光度过大,表明活塞环与气缸的接触面面积减小,造成漏气和窜机油的隐患。常用的活塞环漏光度的简易检查方法是:活塞环置于气缸内,用倒置的活塞将其推平,用一直径略小于活塞环外径的圆形板盖在环的上侧,在气缸下部放置灯光,从气缸上部观察活塞与气缸壁的缝隙,确定其漏光情况。

对活塞环漏光度的技术要求是:在活塞环端口左30°范围内,不应有漏光点;在同一根活塞环上的漏光不得多于两处,每处漏光弧长所对应的圆心角不得超过25°同一环上漏光弧长所对应的圆心角之和不得超过45°;漏光处的缝隙,应不大于0.03 mm。

② 检查活塞环侧隙:检查之前清洁环槽,用塞尺检查活塞环的侧隙。活塞环侧隙标准值如表2-1所示。(以桑塔纳2000AJR发动机为例)

表2-1 活塞环侧隙标准值　　　　　　　　　　　　　　　　　　单位:mm

活塞环	新活塞环侧隙	磨损极限
第一道气环	0.06~0.09	0.20
第二道气环	0.06~0.09	0.20
油环	0.03~0.06	0.15

③ 检查活塞环的开口间隙(以桑塔纳JV发动机为例):将活塞环从气缸体上端压入气缸,距气缸上边缘约15 mm,用塞尺测量活塞环的开口间隙,如图2-26所示活塞环开口间隙标准如表2-2所示。

表2-2 活塞环开口间隙标准值　　　　　　　　　　　　　　　　单位:mm

活塞环名称	新活塞环开口间隙	磨损极限值
第一道气环	0.30~0.45	1.00
第二道气环	0.25~0.40	1.00
油环	0.25~0.50	1.00

④ 活塞环的弹力检验:活塞环的弹力是指使活塞环端隙为零时作用在活塞环上的径向力。活塞环的弹力是建立背压的首要条件,也是保证气缸密封性的必要条件。弹力过大,会使环的磨损加剧;弹力过弱,会使气缸密封性变差,燃润料消耗增加,燃烧室积炭严重,发动机的动力性和经济性下降。活塞环弹力检验仪,如图2-27所示。

图 2-26 检查活塞环开口间隙

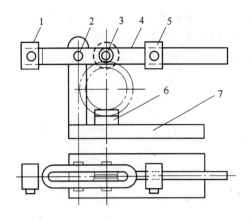

图 2-27 活塞环弹力检验仪
1—重锤；2—支承销；3—滚轮；4—秤杆；
5—活动量块；6—底座；7—底板

3. 连杆组的检修

连杆组的检修主要有连杆变形的检验、连杆小端衬套的压装与铰削和连杆大端与下盖结合平面损伤的修理等。

连杆变形的检验在连杆校正仪上进行，在更换活塞销的同时，必须更换连杆衬套，以恢复其正常配合。

任务 4　曲轴飞轮组的构造与工作原理

曲轴飞轮组由曲轴、飞轮、扭转减振器、曲轴主轴承、曲轴带轮以及正时链轮等组成。

一、曲轴

1. 曲轴的作用及工作条件

曲轴的主要作用是把活塞连杆组传来的气体压力转变为转矩并对外输出，另外，曲轴还用来驱动发动机的配气机构和其他各种辅助装置（如发动机、水泵等）。

曲轴在工作时，要承受周期性变化的气体压力、往复惯性力和离心力，以及它们产生的转矩和弯矩的共同作用。在上述载荷的作用下，会引起扭转振动和弯曲振动而产生附加应力；转速和负荷经常变化，导致轴颈处有时不易形成良好的油膜，而它与轴承的相对滑动速度又很高；在紧急制动等情况下，曲轴还会产生轴向窜动。

曲轴一般用中碳钢或中碳合金钢模锻而成，或球墨铸铁铸造而成。为提高耐磨性和耐疲劳强度。轴颈表面经高频淬火或氮化处理，精磨加工后以达到较高的表面硬度和表面粗糙度的要求。

2. 曲轴的结构与平衡

（1）曲轴的结构及其作用

主轴颈：用于将曲轴支撑在曲轴箱内。

连杆轴颈：用于安装连杆轴承。

曲柄臂：用于连接主轴承及连杆轴承。

平衡重：用来平衡连杆大头、连杆轴颈和曲柄臂等产生的离心力及力矩。
前轴端：用于安装正时齿轮（或正时皮带轮、正时链轮）、传动带轮。
后轴端：用于安装飞轮。曲轴飞轮组，如图2-28所示。

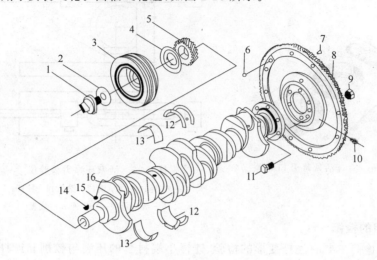

图2-28 曲轴飞轮组

1—起动爪；2—起动爪锁紧垫片；3—扭转减振器、带轮；4—挡油片；5—正时齿轮；6—第一、第六缸活塞上止点记号；7—圆柱销；8—齿圈；9—螺母；10—黄油嘴；11—曲轴与飞轮连接螺栓；12—止推轴承上下轴瓦；13—主轴承上下轴瓦；14、15—半圆键；16—曲轴

一个连杆轴颈与它两端的曲柄及主轴颈构成一个曲拐，曲拐的形状取决于气缸的数目、气缸的排列方式、气缸的布置形式、点火顺序等。直列发动机曲轴的曲拐数等于气缸数，V形发动机曲轴的曲拐数等于气缸数的一半。

（2）曲轴支撑形式

按支撑形式曲轴分全支撑和非全支撑两种。主轴颈是曲轴的支承部分，每个连杆轴颈两边都有一个主轴颈者，称为全支承曲轴。显然全支承曲轴的主轴颈总比连杆轴颈数多一个。主轴颈少于连杆轴颈者，称为非全支承曲轴。全支承曲轴的优点是可以提高曲轴的刚度，且主轴承的负荷较小，故它在汽油机和柴油机中广泛采用。

连杆大端为整体式的某些小型汽油发动机或采用滚动轴承作为曲轴主轴承的柴油发动机，必须采用组合式曲轴，即曲轴的各部分分段加工后组合成整个曲轴。

曲轴上钻有贯穿主轴承、曲柄和连杆轴承的油道，以使主轴承内的润滑油经此贯穿油道流至连杆轴承。

3. 曲轴的平衡

为了平衡连杆大端、连杆轴颈和曲柄等产生的离心力及其力矩，有时还为了平衡部分往复惯性力，使发动机运转平稳，须对曲轴进行平衡。对于四缸以上的直列多缸发动机，由于曲柄对称布置，往复惯性力和离心力及其产生的力矩，从整体上看都能互相平衡，但曲轴的局部却受到弯曲作用。从图中可以看出第一和第四连杆轴颈的离心力F_1、F_4与第二和第三连杆轴颈的离心力F_2、F_3大小相等、方向相反，故可以相互平衡。F_1和F_2形成的力矩M_{1-2}与F_3和F_4形成的力矩M_{3-4}也能互相平衡，但两个力矩都给曲轴造成了弯曲变形，而引起主轴颈和轴承的偏磨。为了减轻主轴承的负荷，改善其工作条件，一般都在曲柄的相反方向设置平衡重，如图2-29（b）所示。

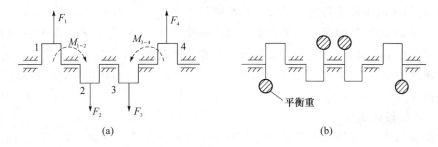

图 2-29 曲轴平衡重作用示意图

平衡重有的与曲轴制成一体,有的单独制成零件,再用螺栓固定于曲柄上,形成装配式平衡重;有的刚度相对较大的全支承曲轴没有平衡重。无论有无平衡重,曲轴本身还必须经过动平衡校验,对不平衡的曲轴常在其偏重的一侧钻去一部分质量而使其达到平衡。

4. 曲轴前后端的密封盒轴向定位

(1) 曲轴前端的密封

曲轴前端装有驱动配气凸轮轴的正时齿轮、驱动风扇和水泵的带轮及止推片等。

为了防止机油沿曲轴轴颈外漏,在曲轴前端装有甩油盘,随着曲轴旋转,当被齿轮挤出和甩出来的机油落到盘上时,由于离心力的作用,被甩到齿轮室盖的壁面上,再沿壁面流下来,回到油底壳中。即使还有少量机油落到甩油盘前端的曲轴上,也会被压配在齿轮室盖上的油封挡住。曲轴前端的结构,如图 2-30 所示。

有的中、小型发动机曲轴前端还装有起动爪,以便必要时用人力转动曲轴,起动发动机。

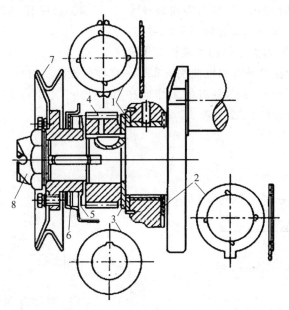

图 2-30 曲轴前端的结构

1,2—滑动止推轴承;3—止推片;4—正时齿轮;5—甩油盘;6—油封;7—带轮;8—起动爪

(2) 曲轴后端的密封

曲轴后端有安装飞轮用的凸缘。为了防止机油向后漏出,常采用甩油盘、油封(自紧油

封或填料油封)和回油螺纹等封油装置。回油螺纹的工作原理如图 2-31 所示。回油螺纹可以是梯形的或矩形的,其螺旋方向为右旋。当曲轴旋转时,流到回油螺纹槽中的机油也被带着旋转。因为机油本身有黏性,所以受到机体后盖孔壁的摩擦阻力 F_r 的作用。F_r 可以分解为平行于螺纹的分力 F_{r1} 和垂直于螺纹的分力 F_{r2}。机油在 F_{r1} 的作用下,顺着螺纹槽向前,流回油底壳。

(3) 曲轴的轴向定位

曲轴作为转动件,必须与其固定件之间有一定的轴向间隙。发动机工作时,曲轴经常受到离合器施加于飞轮的轴向力及其他力的作用,从而有轴向窜动的可能。因曲轴的窜动将破坏曲柄连杆机构一些零件的正确位置,故必须用止推片加以限制。在曲轴受热膨胀时,其应能自由伸长,所以曲轴上只能有一个地方设置轴向定位装置,该装置可设在曲轴的前端、中间或后端。

曲轴的轴向定位是通过止推装置实现的。止推装置有翻边轴瓦、止推环、止推片等多种形式。止推片的形式一般有两种:一种是翻边轴承的翻边部分;另一种是单面制有减磨合金层的止推轴承。安装时,应将涂有减磨合金层的一面朝向旋转面。

(4) 曲拐的布置

曲轴的形状和各曲拐的相对位置(即曲拐的布置),取决于缸数、气缸的排列形式(单列、V 形)和各缸工作顺序。在安排多缸发动机的工作顺序时,应注意使连续做功的两缸相距尽可能远些,以减轻主轴承的载荷,同时避免可能发生的进气干涉而影响充气量。做功间隔应力求均匀。就是说,在发动机完成一个工作循环的曲轴转角内,每个气缸都应做功一次,且各缸做功间隔时间(以曲轴转角表示,称为发火间隔角)应力求均匀。对于缸数为 i 的四冲程发动机而言,做功间隔为 $720°/i$,即曲轴每转 $720°/i$ 时,就应有一个气缸做功,以保证发动机运转平稳。另外,曲拐布置还应尽可能对称、均匀。

常见的几种多缸发动机曲拐的布置和工作顺序如下:

- 直列四缸四冲程发动机曲轴曲拐的布置。这种曲轴曲拐对称布置于同一平面内,做功间隔为 $720°/4=180°$,各缸的工作顺序有 1—3—4—2 和 1—2—4—3 两种,其结构与工作循环如图 2-32 与表 2-3 所示。

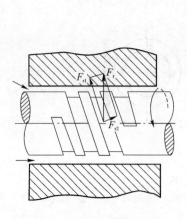

图 2-31 曲轴后端的封油原理

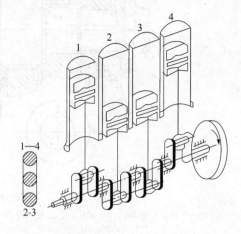

图 2-32 直列四缸四冲程发动机曲拐布置简图

表 2-3　直列四缸四冲程发动机工作循环表
（点火次序 1—3—4—2）

曲轴转角	第一缸	第二缸	第三缸	第四缸
0°~180°	做功	排气	压缩	进气
180°~360°	排气	进气	做功	压缩
360°~540°	进气	压缩	排气	做功
540°~720°	压缩	做功	进气	排气

- 直列六缸四冲程发动机曲轴曲拐的布置。这种曲轴是应用较广的一种曲轴，各缸的工作顺序为 1—5—3—6—2—4。曲拐均匀布置在互成 120°的三个平面内，做功间隔角为 720°/6＝120°。这种曲轴的曲拐布置与工作循环如图 2-33 与表 2-4 所示。

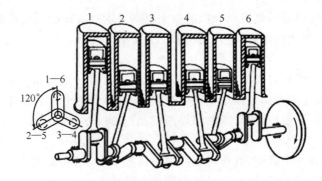

图 2-33　直列六缸四冲程发动机曲拐布置简图

- V 形八缸四冲程发动机曲轴曲拐的布置。这种曲轴只有四个曲拐，结构形式有正交于两平面内的空间曲拐和平面曲拐两种。因空间曲拐平衡性较好，应用较多，空间曲拐发动机气缸中线的夹角均为 90°。各缸做功间隔角为 720°/8＝90°。V 形发动机的工作顺序，随气缸序号的排列方法而定。

除上述三类常见曲轴外，还有许多种类，如直列五缸的曲轴曲拐均布 5 个纵向平面内，其具体布置位置视发动机的工作顺序而定。

表 2-4　直列六缸四冲程发动机工作循环表
（点火次序 1—5—3—6—2—4）

曲轴转角/(°)		第1缸	第2缸	第3缸	第4缸	第5缸	第6缸
0~180	0	做功	排气	进气	做功	压缩	进气
	60						
	120			压缩	排气		
180~360	180	排气	进气			做功	压缩
	240						
	300						
	360			压缩	进气		排气
360~540	420	进气				排气	做功
	480						
	540			做功	排气		
540~720	600	压缩				进气	排气
	660						
	720		排气	进气	做功	压缩	

二、扭转减振器

发动机运转时,由于飞轮的惯性很大,可以看作是等速转动。而各缸气体压力和往复运动件的惯性力是周期性地作用在曲轴连杆轴颈上,给曲轴一个周期性变化的扭转外力,使曲轴发生忽快忽慢的转动,从而形成曲轴对于飞轮的扭转摆动,即曲轴的扭转振动。当振动频率与曲轴的自振频率成整数倍关系时,曲轴扭转振动便因共振而加剧。从而引起功率损失、正时齿轮或链条磨损增加,严重时甚至会将曲轴扭断。为了削减曲轴的扭转振动,有的发动机在曲轴前端装有扭转减振器。

常用的扭转减振器有橡胶式、摩擦式和黏液(硅油)式等数种。

三、飞轮

1. 飞轮的作用

飞轮的主要功用是通过储存和释放能量来提高发动机运转的均匀性和改善发动机克服短暂的超负荷能力,与此同时,又将发动机的动力传给离合器。

2. 飞轮的构造

飞轮是一个转动惯量很大的圆盘。为了保证在有足够转动惯量的前提下,尽可能减小飞轮的质量,应使飞轮的大部分质量都集中在轮缘上,因而轮缘通常做得宽而厚。

飞轮多采用灰铸铁制造,当轮缘的圆周速度超过 50 m/s 时,要采用强度较高的球墨铸铁或铸钢制造。

飞轮外缘上压有一个齿圈,其作用是在发动机起动时,与起动机齿轮啮合,带动曲轴旋转。飞轮上通常刻有点火正时记号,以便校准点火时间。

飞轮与曲轴装配后应进行动平衡,否则在旋转时因质量不平衡而产生的离心力,将引起发动机的振动并加速主轴承的磨损。做完动平衡的曲轴与飞轮的位置是固定而不能再变的。为避免装错而引起错位,使平衡受到破坏,飞轮与曲轴之间应有严格的相对位置,用定位销或不对称布置的螺栓予以保证。

四、曲轴飞轮组的检修

1. 曲轴的常见损伤

曲轴的常见损伤形式有:轴颈磨损、弯扭变形和裂纹等。

(1) 轴颈的磨损

曲轴主轴颈和连杆轴颈的磨损是不均匀的,且磨损部位有一定的规律性。

主轴颈和连杆轴颈径向最大磨损部位相互对应,即各主轴颈的最大磨损靠近连杆轴颈一侧;而连杆轴颈的最大磨损部位在主轴颈一侧。

实践证明,连杆轴颈的磨损比主轴颈的磨损严重,这主要是由于连杆轴颈的负荷较大、润滑条件较差等原因所造成的。

轴颈表面还可能出现擦伤和烧伤,擦伤主要是机油不清洁,其中较大的机械杂质在轴颈表面划成沟痕。烧瓦后,轴颈表面会出现严重的擦伤划痕,轴颈表面烧灼后变成蓝色。

(2) 曲轴的弯扭变形

所谓曲轴弯曲是指主轴颈的同轴度误差大于 0.05 mm。若连杆轴颈分配角误差大于 $0°30'$ 则称为曲轴扭曲。

曲轴产生弯曲和扭曲变形 是由于使用不当和修理不当造成的,如发动机在爆震和超负荷条件下工作,个别气缸不工作或工作不均衡,各道主轴承松紧度不一致,主轴承座孔同轴度偏差增大等,都会造成曲轴承载后的弯曲变形。曲轴弯曲变形后,将加剧活塞连杆组和气缸的磨损,以及曲轴和轴承的磨损,甚至加剧曲轴的疲劳折断。曲轴扭曲变形,也将影响发动机的配气正时和点火正时。

(3) 曲轴的断裂

曲轴的裂纹多发生在曲柄与轴颈之间的过渡圆角处以及油孔处。前者是径向裂纹,严重时将造成曲轴断裂;后者多为轴向裂纹,沿斜置油孔的锐边顺轴向发展。

曲轴的径向、轴向裂纹主要是应力集中引起的,曲轴变形和修磨不慎也会使过渡区的应力陡增,加剧曲轴的疲劳断裂倾向。

2. 曲轴的检修

曲轴的检验主要包括裂纹的检验、变形的检验和磨损的检验。

(1) 裂纹的检验

曲轴清洁后,首先应检查有无裂纹。可用磁力探伤器或染色渗透剂进行裂纹的检验。若曲轴检验出裂纹,一般应报废更换。

(2) 曲轴弯曲的检验

检验弯曲变形应以两端主轴颈的公共轴线为基准,检查中间主轴颈的径向圆跳动误差。检验时,将曲轴、两端主轴颈分别放置在检验平板的 V 形块上,将百分表触头垂直地抵在中间主轴颈上,慢慢转动曲轴一圈,百分表指针所示的最大摆差,即中间主轴颈的径向圆跳动误差值,若大于 0.15 mm,则应进行压力校正。低于此限,可结合磨削主轴颈予以修正。

(3) 曲轴扭曲变形的检验

曲轴扭曲变形的检验是将连杆轴颈转到水平位置上,用百分表分别确定同一方位上两个轴颈的高度差。这个高度差即为扭曲变形量。

(4) 曲轴轴颈磨损的检验

对经探伤检查而允许修复的曲轴,必须再进行轴颈磨损量的检查:先检视轴颈有无磨痕和损伤,再测量主轴颈和连杆轴颈的圆度误差和圆柱度误差。对曲轴短轴颈的磨损以检验圆度误差为主,对长轴颈则必须检验圆度和圆柱度误差。

曲轴的主轴颈和连杆轴颈磨损后,若其圆度、圆柱度误差超 0.025 mm,应按修理尺寸进行光磨,曲轴轴颈的磨削应在弯、扭校正后进行。磨削加工设备通常采用专用曲轴磨床。

曲轴的各道主轴颈和连杆轴颈分别磨成同级修理尺寸,以便选择统一的轴承。

曲轴轴颈在磨削加工后,除了轴颈表面的尺寸精度和表面粗糙度应符合技术要求外,对其形位误差的要求是:磨削曲轴时,必须保证主轴颈和连杆轴颈各轴心线的同轴度,以及两轴心线间的平行度;限制曲柄半径误差,并保证连杆轴颈相互位置夹角的精度。

在曲轴磨削时,选择定位基准的正确与否将直接影响到上述要求的满足程度,并影响到曲轴的加工质量。

在磨削主轴颈时,一般选择曲轴前端中心螺孔的内倒角和曲轴后端中心轴承孔为定位基准。

在磨削连杆轴颈时,可选择曲轴前端正时齿轮轴颈和曲轴后端飞轮凸缘的外圆柱面为定位基准。

磨削曲轴时,应先磨削主轴颈然后磨削连杆轴颈。

连杆轴颈磨削后要求连杆轴颈线与主轴颈轴线的平行度误差不大于 0.01 mm。

在连杆轴颈磨削时,应尽量减小曲颈半径的增加量,保证同位连杆轴颈轴心线的同轴度误差不大于 0.10 mm,这样有利于保证曲轴的平衡,提高发动机工作的平稳性。

(5) 曲轴径向间隙的检查方法与连杆径向间隙的检查方法基本相同。

(6) 曲轴轴向间隙的检验与调整。如图 2-34 所示,曲轴轴向间隙一般为 0.07~0.21 mm,使用极限为 0.30 mm。

检验时,可用撬棒将曲轴移动靠紧一侧,然后用塞尺测量另一侧的间隙。曲轴轴承间隙的调整是通过更换不同厚度的、装在曲轴前端或后端的止推环进行的;有的则是更换装在中间的不同侧面厚度的止推轴承进行调整的。

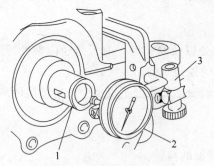

图 2-34　检查曲轴轴向间隙
1—曲轴前端面；2—千分表；3—千分表安装架

1. 简述曲柄连杆机构的组成及功用是什么？
2. 什么是干式缸套？什么是湿式缸套？湿式缸套的优缺点有哪些？
3. 如何检验气缸的磨损？
4. 活塞连杆组由哪些主要机件组成？
5. 简述气环的密封原理。
6. 锥形环的特点是什么？
7. 简述活塞连杆组的组装工艺。
8. 曲轴上的平衡重有什么作用？
9. 飞轮的功用是什么？

项目三　配气机构的构造与维修

本章概述

配气机构的作用是控制发动机进气和排气,根据发动机工作次序和工作循环的要求,定时开启和关闭进、排气门。让进气行程的进气门尽可能多地进入可燃混合气(汽油机)或空气(柴油机),在排气行程将废气快速完全地排出气缸;在压缩与做功行程中,关闭气门保证燃烧室的密封。本章就配气机构的组成、工作原理、构造维修等相关知识进行讲解。

教学目标

1. 了解配气机构的工作原理。
2. 掌握配气机构的组成及各主要零部件的检修。
3. 掌握配气相位的相关概念及相互关系。
4. 了解配气机构的常见故障及故障检修。

任务1　认识配气机构的组成与工作原理

一、配气机构的组成及分类

配气机构主要有气门驱动组和气门组两大部分组成,如图3-1所示。

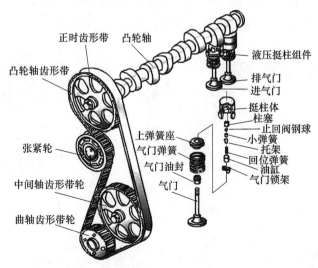

图3-1　配气机构组成

(1)按气门布置形式分类,可分为气门侧置式和气门顶置式,如图3-2所示;(2)按凸轮轴布置形式和驱动方式分类,凸轮轴下置式、凸轮轴上置式、凸轮轴中置式,如图3-3所示;(3)按曲轴和凸轮轴的传动方式可分类,齿轮传动式、链条传动式、同步齿形带传动式,如图3-4所示;(4)根据气门的数量不同分为二气门式、四气门式、五气门式(三个进气门、两个排气门)三种。

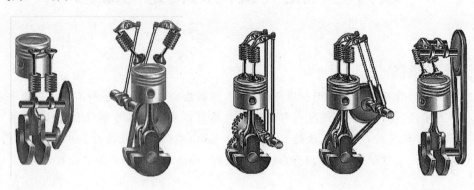

图3-2 气门侧置 气门顶置　　　图3-3 凸轮轴下置 凸轮轴中置 凸轮轴上置

二、工作原理

不管是哪种形式的配气机构,当发动机完成一个工作循环时,曲轴转动两圈,各凸轮轴只转动一圈,控制各气阀均开闭一次。

(1)顶置式凸轮轴配气机构工作原理(以图3-1为例)发动机工作时由曲轴正时齿轮通过齿形带驱动凸轮轴总成当凸轮轴上凸轮桃尖下压挺柱时,气阀打开,当凸轮桃尖离开挺柱时,气阀关闭。

(2)侧置凸轮轴配气机构工作原理(以图3-5为例)发动机工作时由曲轴正时齿轮直接驱动凸轮轴总成,当凸轮的桃尖顶起挺柱时,挺柱推着推杆一起上升,摇臂上的推力驱使摇臂绕轴转动,摇臂压缩气阀弹簧使气阀下行并打开,然后凸轮轴继续转动,当凸轮的凸起部分离开挺柱时,气阀便在气阀弹簧的弹力作用下上升,关闭气门。

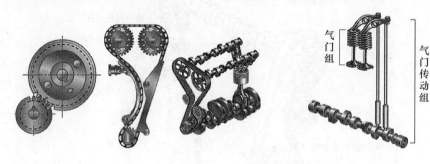

图3-4 齿轮传动 齿条传动 同步齿形带传动　　　图3-5 侧置凸轮轴配气机构

三、气门间隙

发动机工作中,气门及其传动件将因温度升高而膨胀,如果气门及其传动件之间,在冷态时无间隙或间隙过小,则在热态下,气门及其传动件受热膨胀势必引起气门关闭不严,造成发动机在压缩、做功行程中的漏气,会使发动机功率下降。为了消除上述现象,通常在发动机冷态装配时,在气门及其传动机构中留有适当的间隙,以补偿气门受热后的膨胀量,这一预留间隙称为气门间隙。具有液压挺柱的机构具有自动调节功能,故其无气门间隙,如图3-6所示。冷态下,进气门间隙为0.25~0.30 mm,排气门间隙为0.30~0.35 mm。

气门间隙要适当,不可过大或过小。

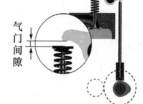

图3-6 气门间隙

- 气门间隙过小:发动机在热态下可能会发生气门关闭不严,从而产生漏气现象导致功率下降,甚至烧坏气门。
- 气门间隙过大:传动件之间,气门与气门座之间将产生撞击,造成零件的过早磨损,整个配气机构运转不平稳,噪声增大,且使气门开启持续时间减,进气和排气不充分。

任务2　气门组构造与维修

一、构造组成

1. 气门组

气门组的功用主要是维持气门的关闭,气门组的核心部件是气门、气阀插在气阀导管中上下运动,气门脚由气门锁片固定在气门弹簧座内,与气门座圈相配合,配气机构气门组的具体部件如图3-7所示。

图3-7 气门传动组

(1) 气门弹簧

气门弹簧的作用是保证气门关闭时能紧密地与气门座贴合,克服在气门开启时配气机构产生的惯性力,使传动件始终受凸轮控制而不相互脱离,气门弹簧一般采用优质冷拔弹簧钢丝,如高碳锰钢、铬钒钢等并经热处理,表面镀锌、磷化。

气门弹簧一般采用圆柱形螺旋弹簧,为了防止弹簧发生共振,可采用变螺距圆柱弹簧,现代高速发动机多采用同心安装的内外两根气门弹簧,这样既提高了气门弹簧工作的可靠性,又能有效地防止共振的发生,安装时,内外弹簧的螺旋方向应相反,以防止折断的弹簧圈卡入另一个弹簧圈内。

(2) 进排气阀

气阀按其头部不同可分为三种,如图3-8所示,其核心部分是气阀工作面,如图3-9所示,有的气阀的头是用比较好的材质做成后与气阀杆焊接而成,气门锥面与气门顶面之间的夹角称为气门锥角,一般为45°,少数进气门为30°。

气门锥角小,气门通过断面较大,进气阻力较小,可以增加进气量,但气门头部边缘较薄,刚度较差,致使密封性变差。

气门锥角大,可提高气门头部边缘的刚度,气门落座时有较好的自动对中作用及较大的接触压力,有利于密封与传热及挤掉密封锥面上的积炭。

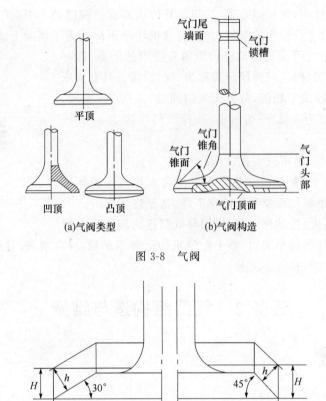

(a) 气阀类型　　(b) 气阀构造

图 3-8　气阀

图 3-9　气阀结构气阀锥面（30°、45°的锥角）

2. 气门驱动组

气门驱动组的主要任务是驱动进排气门定时开闭。

（1）凸轮轴

凸轮轴上有两个核心部件：正时齿轮和凸轮，正时齿轮通过正时齿形带受曲轴正时齿轮驱动，三者间有正时记号，安装时必须对正，凸轮有桃尖，负责开闭气门。

（2）挺柱

挺柱一般有普通挺柱和液压挺柱两种，现代轿车多使用液压挺柱。

其工作过程如下：

- 气门开启时，凸轮轴转动，凸轮的桃尖向下压下液力挺柱，液压挺柱内的机油被挤压出一部分，高压腔内的密闭油推动气门向下运动，进气门或排气门开启。
- 气门关闭时，凸轮轴的桃尖转动，对液压挺柱的压力减小，液压挺柱在弹簧的作用下，恢复原状，机油从润滑油道补入挺柱，液压挺柱的表面和凸轮的外表面间始终保持合适的间隙。

任务3　气门传动组构造与维修

1. 气门故障及处理方法

（1）故障现象：发动机动力下降，经检查不是气缸套与活塞环损伤。

（2）故障原因：气门与气门座圈配合面变形或烧蚀。
（3）处理方法：铰削气门座圈更换并研磨气门。
① 气门座圈铰削：
- 选择导管：根据导管的内径选择相应的导杆。
- 去除硬化层：为防止铰刀打滑，用砂布在铰刀下面进行砂磨，去除硬化层。
- 粗铰：选用与气门工作面角度相同的铰刀（45°或30°）套入导杆进行铰削（铰削时铰刀应直立，用力要均匀，转速快慢力求一致）。
- 试配与修整接触面：用光磨后的气门试配，检查工作带的宽度及其在气门头上的接触位置，一般要求工作带宽度，进气门为 100～200 mm，排气门为 150～250 mm，气门头上的接触位置应居中略偏上锥面小端，若接触面偏上，应用 150 铰刀铰削，使接触面下移。若接触面偏下，可用 750 铰刀铰削，使接触面上移，在每一次修正后均应及时修正工作带宽度，直至符合要求。
- 精铰：用 45°或 30°细刃铰刀进行精铰，或用铰刀下面垫以细砂布进行光磨，以降低工作带的表面粗糙度。
② 气门研：使用气门研磨机，研磨进、排气门，对于气门和气门座的维修，传统的方法是：
- 更换新气门、气门座经铰刀铰削，然后进行研磨。
- 研磨时气门在座孔上进行往复和旋转运动，并且要有一定的冲击力，而且旋转角度不得超过 30°。
- 研磨时先用粗研磨砂，再用细研磨砂，然后用机油做介质研磨，最后再研磨一会儿。
③ 气门密封性检查：气门密封性检查有多种方法，如汽油试漏法、压缩空气法、漏光法以及断线法等。

2．配气机构的装配

（1）配气机构装配时的注意事项
- 安装凸轮轴时必须对准正时齿轮上的标记。
- 气门安装时不得装错。
- 按规定的顺序和拧紧力矩拧紧螺栓。

（2）气门间隙的调整

凸轮轴下置式配气机构使用了摇臂和普通挺柱，气门间隙往往需要调整，气门间隙的调整方法一般有两种。

① 逐缸调整法：以 1—3—4—2 的点火次序的四缸机为例。
- 拆下各缸火花塞，在　缸火花塞孔处塞好纸团或棉花。
- 用专用扳手转动曲轴纸团从孔中喷出时，慢转曲轴使活塞达上止点。
- 利用工具调节一缸气门间隙，用厚薄规测量间隙值，直到间隙值在规定范围内。
- 用专用扳手转动曲轴 180°，调整第三缸气门间隙。
- 同理每转动 180°，调整一个缸的气门间隙，依次调整好第四、第二缸气门间隙值。

② 两次调整法：以点火顺序为 1—5—3—6—2—4 的六缸发动机为例。
- 拆下各缸火花塞，在一缸火花塞孔处塞好纸团或棉花。
- 用专用扳手转动曲轴纸团从孔中喷出，一缸上止点找到。
- 先调整 1、2、4、5、8、9 气门间隙至规定值。

- 转动曲轴一周,使六缸处于压缩上止点,调整其余的气门间隙至规定值。

③ 调整部位及手法：如图 3-10 所示。
- 将厚薄规插入气门杆尾端气门脚与摇臂之间。
- 转动调整螺栓,使厚薄规被轻轻压住(抽动时略有阻力)。
- 锁紧紧固螺母。
- 用厚薄规再测试一次。
- 验证一下调整质量。

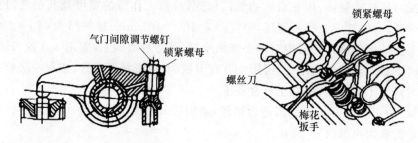

图 3-10　调节气门的操作图

任务 4　可变配气相位

一、配气正时的概念及作用

配气正时指的是根据曲轴转角表示的进、排气门开闭时刻及其开启的持续时间,配气正时(轿车)由凸轮轴正时齿轮标记、齿形带标记和曲轴正时齿轮标记共同决定,三者标记必须对齐。

二、配气相位的相关概念及作用

1. 相关概念
- 进气提前角 α：从进气门打开到上止点曲轴所转过的角度。
- 进气滞后角 β：从进气行程下止点到进气门关闭曲轴转过的角度。
- 排气提前角 γ：从排气门开启到下止点曲轴转过。
- 排气滞后角 δ：从上止点到排气门关闭曲轴转过的角度。
- 气门重叠：活塞在上止点附近出现进、排气门同期间的曲轴转角称为气门重叠角。

2. 各种角度的关系及其作用

(1) 各种角度的关系

图 3-11 所示配气相位图是达时的曲轴转角环形图,进气时,从进气门提前角 α 打开,到滞后角 β 关闭,进气行程曲轴转过的角度为：$\alpha+180°+\beta$；排气时,从排气门提前角 γ 开启,到滞后角 δ 关闭,排气行程曲轴转过的角度为：$\gamma+180°+\delta$；气门重叠角等于进气提前角与排气滞后角之和 $\alpha+\delta$。

(2) 各种角度的作用
- 进气提前角的作用：使进气门早开,使得活塞到达上止点开始向下运动时,因进气门已有一定开度,所以可较快地获得较大的进气通道截面,减小进气阻力。

- 进气滞后角的作用:①活塞到达下止点时,由于进气阻力的影响,气缸内的压力仍低于大气压,进气门晚关,利用压力差可继续进气;②活塞到达下止点时,进气气流还有相当大的惯性,进气门晚关,仍能继续进气。
- 排气提前角的作用:①恰当的排气门早开,气缸内还有 300～500 kPa 的压力,做功作用已经不大,可利用此压力使气缸内的废气迅速地自由排出;②提前排气,等活塞到达下止点时,气缸内只剩 110～120 kPa 的压力,使排气冲程所消耗的功率大为减小;③高温废气的早排,还可以防止发动机过热。
- 排气滞后角的作用:①活塞到达上止点时,气缸内的压力仍高于大气压,利用缸内外压力差可继续排气;②活塞到达上止点时,废气气流有一定的惯性,利用惯性可继续排气,所以排气门适当晚关可使废气排得较干净。

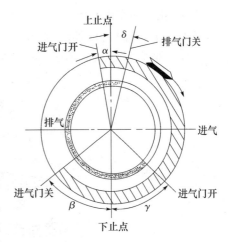

图 3-11 配气相位图

三、配气正时的重要性

配气正时具有重要作用,它决定发动机的工作状况,因为配气正时决定点火正时,如果配气不准确,发动机的工作状态就会不正常,配气机构常见故障的诊断与排除方法如下:

1. 配气正时不准确

(1) 故障现象:发动机有火,但不能起动,发动机怠速不稳,配气正时不对(准),一般发生在大修重新组装后或更换正时齿形。

(2) 故障原因:带时检查配气正时机构,重新调整配气正时,更换损坏部件。

2. 配气机构异响

(1) 故障现象:利用听诊法判定配气机构出现了异响。

(2) 故障原因:一般为气门间隙不当、气门座圈松动、挺柱磨损等引起。

(3) 排除方法:

- 检查是否气门间隙过大,若是则应重新调整。
- 拆检配气机构,检查气门是否弯曲,检查气门弹簧的安装、损坏状况,若不符合要求,则应及时更换。
- 检查液压挺柱,是否润滑不良,检查凸轮轴的润滑情况,弯曲情况,发现损坏应及时更换相应的零件。

3. 气门漏气

(1) 故障现象:不易起动,起动后发动机动力不足。

(2) 故障原因:气门间隙过小或气门烧蚀(活塞及环正常情况时)。

(3) 排除方法:

应先检查并确保发动机机油温度至少为 30 ℃,在点火开关断开的情况下拔出所有喷油器的插头(化油器车没有此项),汽油机旋出火花塞(化油器车将节气门全开)将缸压表插放在火花塞孔上,如图 3-12 所示,起动发动机 3~5 s,缸压应符合标准值(大众用 JV 发动机气缸压缩压力值应为 1~13 MPa,各缸之间最大压力允许差为 0.3 MPa)

图 3-12 测定气缸压力

1. 配气机构的作用是什么?
2. 顶置式配气机构与侧置式配气机构在工作原理上有何不同?
3. 发动机的配气机构为什么要预留一定的气门间隙?
4. 气门与气门座圈配合面变形或烧蚀的修复方法有哪些?
5. 气门间隙的调整方法有哪两种?它们分别是如何调整的?
6. 如何检测气缸压力值?
7. 为什么进气门要早开、晚闭?为什么排气门要早开、晚关?

项目四　电控汽油喷射系统构造与维修

 **本章概述**

汽油机与柴油机的燃烧方式和点火方式都不同,因此两者的燃料供给系的构造也不同。本章主要讲解汽油机燃料供给系的构造、维修以及供给系各部分的组成和检修。在下一章,我们将就柴油机的相关知识进行讲解。

 教学目标

1. 了解电喷式汽油机的分类、组成和工作原理。
2. 掌握电喷式发动机燃料供给系的主要部件构造及检修。
3. 了解化油器式汽油机燃料供给系的组成和工作原理。

任务1　认识汽油喷射系统

一、电喷汽油机分类

汽油机燃油供给系一般分为化油器式和电喷式两种,化油器式已基本淘汰,本章将电喷式汽油机燃油供给系统和空气供给系统统称为燃料供给系统,并作为重点讲解。

汽油机燃料供给系根据发动机各工况的不同要求,配制出一定浓度和数量的可燃混合气进入气缸燃烧,最后将燃烧做功后的废气排入大气。其分类如下:

1. 按燃油喷射系统的控制方式分

(1) 机械控制式燃油喷射系统

机械控制系统是利用机械机构实现燃油连续喷射的系统,由德国博世(Bosch)公司1967年研制成功,在早期的轿车上采用。

(2) 机电结合式燃油喷射系统

机电结合式燃油喷射系统是由机械机构与电子控制系统结合实现的燃油喷射系统,是在机械控制式的基础上改进而成,仍为连续喷射系统。

(3) 电子控制式燃油喷射系统

电子控制式燃油喷射系统(EFI)是由电控单元直接控制燃油喷射的系统,它能对空气和燃油精确计量,控制精度高,目前在汽车发动机上被广泛应用。

2. 按喷油器的喷射方式分

(1) 连续喷射系统

在每个气缸口均安装一个机械喷油器,只要系统给它提供一定的压力,喷油器就会持续不断的喷射出燃油,其喷油量的多少不是取决于喷油器,而是取决于燃油分配器中燃油计量槽孔的开度及计量槽孔内外两端的压差。

（2）间歇喷射系统

在发动机运转期间间歇性地向进气歧管中喷油,其喷油量多少取决于喷油器的开启时间,即发动机控制模块(ECU)发出的喷油脉冲宽度。这种燃油喷射方式广泛地应用于现代电控燃油喷射系统中。

间歇喷射系统根据喷射时序不同又可分为同时喷射、分组喷射和顺序喷射三种,如图 4-1 所示。

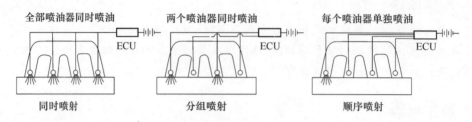

图 4-1 间歇喷射系统分类

3. 按对进入气缸空气量的计量方式分

（1）直接检测型(简称 L 型)

字母"L"是德文"Luftmengen(空气)"的第一个字母,是利用空气流量传感器直接测量吸入进气管的空气流量。直接检测型的汽油喷射系统采用空气流量计直接测量单位时间发动机吸入的空气量,然后电控单元根据发动机的转速计算每一循环的空气量,并由此计算出循环基本喷油量。由于采用直接测量的方法,因此进气量的测量精度较高,如图 4-2 所示。

当前各车型采用的"L"型传感器分为体积流量型(如翼板式、量芯式、涡流式)传感器和质量流量型(如热线式和热膜式)传感器。质量流量型传感器工作性能稳定、测量精度高、使用效果好,但制造成本相对"D"型要高。

（2）间接检测型(简称 D 型)

字母"D"是德文"Druck(压力)"的第一个字母,是利用歧管进气压力传感器检测进气歧管内的绝对压力,测量方法属于间接测量法。如图 4-3 所示,在间接检测空气流量方式的汽油喷射系统中,利用进气歧管绝对压力传感器检测进气歧管内的绝对压力,电控单元根据进气歧管绝对压力和发动机转速,计算出发动机吸入的空气量,并由此计算出基本喷油量。

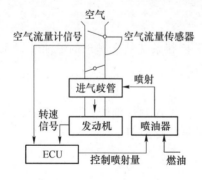

图 4-2 L 型燃油喷射系统原理

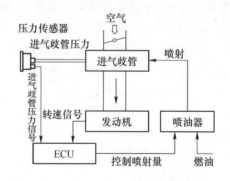

图 4-3 D 型燃油喷射系统原理

控制系统利用检测到的绝对压力与发动机的转速来计算吸入气缸的空气量,又称为速度/密度型燃油喷射控制系统。由于空气在进气歧管内流动时会产生压力波动,发动机怠速(节气门关闭)时的进气量与汽车加速(节气门全开)时的进气量之差可达40倍以上,进气气流的最大流速可达80 m/s,因此,"D"型燃油喷射系统的测量精度不高,但控制系统的制造成本较低。

4. 按喷射位置分

（1）单点喷射系统

单点燃油喷射系统是在节气门体上安装一个或两个喷油器,向进气歧管中喷射可燃混合气。如图4-4所示,这种喷射系统又被称为节气门体燃油喷射系统或集中燃油喷射系统,对混合气的控制精度比较低,各个气缸混合气的均匀性也较差,现已很少使用。

（2）多点喷射系统

多点燃油喷射系统在每一个气缸的进气门前安装一个喷油器,如图4-4所示。喷油器喷射出燃油后,在进气门附近与空气混合形成可燃混合气,这种喷射系统能较好地保证各缸混合气总量和浓度的均匀性。

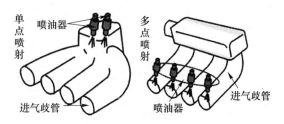

图4-4 喷油器安装位置

二、电控汽油喷射系统的优点

（1）能实现空燃比的高精度控制

① 采用多点喷射方式独立向各缸喷油,使各缸空燃比偏差减小。

② 通过氧传感的闭环控制,可精确控制空燃比。

③ 当汽车在不同地区行驶时,对大气压力或外界环境温度变化引起的空气密度的变化,发动机控制电控单元能及时准确地做出补偿,空燃比可及时进行修正。

（2）在汽车加减速行驶的过渡运转阶段,燃油控制系统能够迅速地做出反应,使汽车加速、减速性能更加良好。

（3）具有减速断油功能,既能降低排放,也能节省燃油。减速时,节气门关闭,发动机仍以高速运转,进入气缸的空气量减少,进气歧管内的真空度增大。在化油器系统中,此时会使黏附于进气歧管壁面的燃油由于进气歧管内真空度骤升而蒸发后进入气缸,使混合气变浓,燃烧不完全,排气中HC和CO的含量增加。而在电控燃油喷射发动机中,当节气门关闭而发动机转速超过预定转速时,喷油就会减少或停止,使排气中HC和CO的含量减少,降低燃油消耗。

（4）充气效率高

在进气系统中,由于没有像化油器那样的喉管部位,因而进气阻力减小。再加上进气管道的合理设计,就能充分利用吸入空气惯性的增压作用,增大充气量,提高发动机的输出功率,增加动力性。

(5) 在发动机起动时,可以用发动机控制模块(ECU)计算出起动时所需的供油量,使发动机起动容易,暖机更快,暖机性能提高。

三、电喷汽油机燃料供给系的组成和工作过程

电控汽油机燃油喷射系统形式多样,但其组成基本相同,都是由空气供给系统、燃油供给系统、排气系统和电子控制系统组成,如图4-5所示。

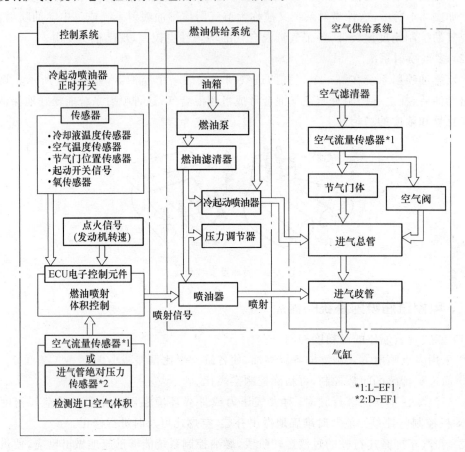

图4-5 电控汽油机燃油喷射系统的组成

1. 空气供给系统

空气供给系统的功用是为发动机提供清洁的空气,以减小气缸、活塞和活塞环的磨损,消除发动机在进气行程中所产生的噪声,并控制、测量发动机工作时的进气量,使它与喷油器喷出的汽油形成符合要求的可燃混合气。

空气供给系统的进气系统由空气滤清器、空气流量计或进气管绝对压力传感器、水温传感器、进气温度传感器、节气门体、怠速控制阀、进气总管、进气歧管等组成,如图4-6所示。

空气供给系统的工作原理如图4-7所示。发动机工作时,空气经空气滤清器过滤后,通

过空气流量传感器(L型)、节气门体进入进气总管,再通过进气歧管分配给各缸。节气门体中设有节气门,用以控制进入发动机的空气量,从而控制发动机的输出功率(负荷)。发动机在怠速运转时,节气门几乎关闭,因此节气门体上的旁通气道供应空气以控制怠速。怠速控制阀的怠速调整螺钉用来调整空气的进气量,当怠速调整螺钉顺时针方向旋入时,旁通气道口减小,发动机怠速降低;反之,怠速升高。在D型电控燃油喷射系统中,由于进气管绝对压力传感器测量的是进气管内的绝对压力,流经怠速控制阀的空气也在检测范围内。怠速控制阀由ECU直接控制。

2. 燃油供给系统

燃油供给系统的功用是供给喷油器一定压力的燃油。喷油器根据ECU指令喷油。燃油供给系统的工作原理如图4-8所示。电动燃油泵将汽油自油箱内吸出,经燃油滤清器过滤后送入输油管,燃油泵供给的多

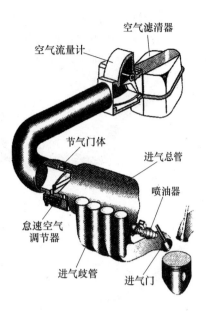

图4-6 进气系统结构示意图

余汽油经压力调节器和低压回油管流回油箱,输油管负责向各缸喷油器供油。压力调节器通过控制回油量来调节输油管内的燃油压力,以保证喷油器的喷油压差保持恒定。

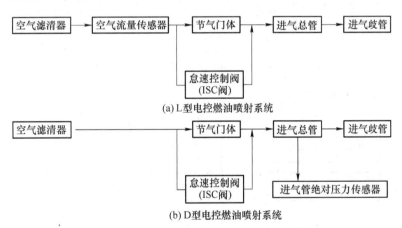

图4-7 空气供给系统工作原理

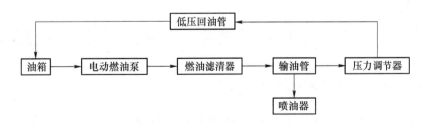

图4-8 燃油供给系

3. 排气系统

排气系统的作用是将废气从排气管经消声器或谐振腔中输送到汽车尾部。分为独立式排气尾管和并联式排气尾管两种，如图4-9和图4-10所示。

图4-9 独立式排气尾管

图4-10 并联式排气尾管

4. 电子控制系统

在电控燃油喷射系统中，喷油量控制是最基本的也是最重要的控制内容。控制系统的工作原理如图4-11所示。ECU根据空气流量信号或歧管进气压力传感器和发动机转速信号确定基本的喷油时间（喷油量），再根据其他传感器（如冷却液温度传感器、进气温度传感器、节气门位置传感器及氧传感器等）对喷油时间进行修正，并按最后确定的总喷油时间向喷油器发出指令，使喷油器喷油（通电）或断油（断电）。

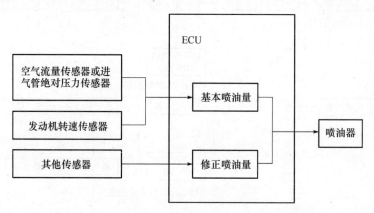

图4-11 控制系统工作原理图

任务2 电喷式发动机空气供给系统各主要部件构造及维修

一、进气系统的作用和组成

进气系统的作用是向发动机提供与负荷相适应的清洁的空气，同时测量和控制进入发动机气缸的空气量，使它们在系统中与喷油器喷出的汽油形成最佳空燃比；同时为有限的气缸内尽可能多的均匀地供气。

进气系统由空气滤清器、空气流量计或歧管进气压力传感器、水温传感器、进气温度传感器、节气门体、怠速控制阀、进气总管、进气歧管等组成,如图4-12所示。

二、空气供给系统的主要部件构造与维修

1. 空气滤清器

空气滤清器的作用是净化空气,滤除空气中的杂质或灰尘,以减少气缸、活塞和活塞环的磨损,延长发动机的使用寿命。

空气滤清器按滤清方式可分为惯性式、过滤式和综合式(前两种的综合)三种。目前,汽车发动机广泛采用纸质干式空气滤清器如图4-13所示,它属于过滤式。这种滤清器具有结构简单、质量轻、成本低、使用方便、滤清效果高的优点。纸质干式滤清器滤清效率可达99.5%以上。实践证明没有空气滤清器的发动机比有空气滤清器的发动机的使用寿命短3～5年。

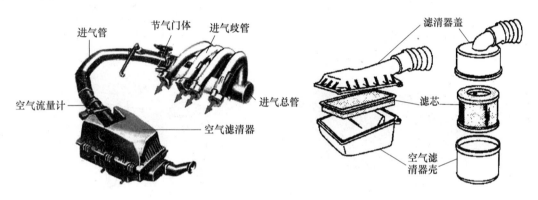

图 4-12 进气系统结构图　　图 4-13 纸质空气滤清器

空气滤清器的核心部件是滤芯,滤芯很容易发生脏污堵塞,堵塞严重时会影响发动机正常进气量,导致混合气过浓从而影响发动机的正常工作,如起动困难、怠速不良等现象,所以在定期或定里程保养中一定不要忘记给滤芯除尘或更换新滤芯。

通常,汽车制造商推荐空气滤清器正常维护的更换周期为 48 000 km,且每 24 000 km 进行一次常规检查;其保守维护的推荐更换周期为 24 000 km。一般汽车的空气滤清器在 20 000 km 要换一次,每行驶 25 000 km 必须更换空气滤清器。一般 10 000 km 进行一下检查,春季最好在 2 000 km 就检查一次。

2. 空气流量计

(1) 空气流量计的作用

空气流量计的作用是对进入气缸的空气量进行直接计量,并把空气流量的信息输送到ECU,ECU不必进行推算,即可依据空气流量计信号计算与该空气量相对应的喷油量。由于消除了推算进气量的误差影响,其测量的准确度高于D型,故对混合气浓度的控制更精确。它用在L型的发动机进气系统中,安装在空气滤清器与节气门体之间,多用于中高级轿车,作为电控燃油喷射系统的主控信号。

(2) 空气流量计的分类

空气流量计分为翼片式、卡门旋涡式、热线式和热膜式等多种形式。翼片式、卡门旋涡

式空气流量计检测空气的体积流量,需要对进气温度和大气压力作修正,已逐渐淘汰,目前应用较多的是热线式、热膜式空气流量计,直接检测空气的流量,是质量流量型,测量精度高。由于热膜式空气流量传感器内没有运动部件,因此没有流动阻力,而且使用寿命远远高于热线式流量传感器。

大众车系使用热膜式空气流量计,工作时,热膜通电发热,空气流过热膜时会带走热膜上的热量,空气流量越多,则带走的热量也越多,从而可确定空气流量的多少。在传感器内部的进气通道上设有一个矩形护套,相当于取样管,热膜电阻设在护套中。为了防止污物沉积到热膜电阻上而影响测量精度,在护套的空气入口一侧设有空气过滤层,用以过滤空气中的污物。为了防止进气温度变化使测量精度受到影响,在护套内还设有一个铂膜式温度补偿电阻。

传感器内部控制电温补电阻设置在热膜电阻前面靠近空气入口一侧。温度补偿电阻和热膜电阻与路连接,控制电路与线束连接器插座连接,线束插座设在传感器壳体中部,如图4-14所示。

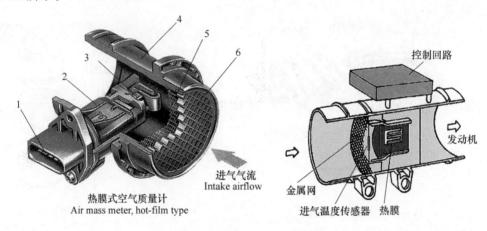

图4-14 热膜式空气流量计
1—线束插座;2—混合电路盒;3—温度补偿电阻;4—外壳;5—金属滤网;6—导流格栅

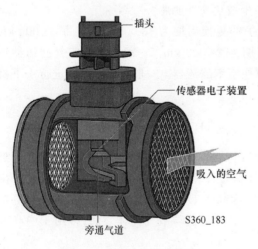

图4-15 热线式空气流量计

热膜式与热线式空气流量传感器的响应速度很快,能在几毫秒时间内反映出空气流量的变化,因此其测量精度不会受到进气气流脉动的影响(气流脉动在发动机大负荷、低转速运转时最为明显),此外还具有进气阻力小、无磨损部件等优点。热膜式传感器热膜的面积远比热线大,并与热电阻制作在一起,因此不会因沾染污物而影响测量精度。

(3)空气流量计的构造与工作原理

主流测量热线式空气流量计应用较广,其结构如图4-15所示。其基本结构由感知空气流量的铂金热线电阻RH(热丝)、根据进气温度进行修正的温度补偿电阻RK(冷丝)、控制热线电流并产生输出信号的控制电路板以及空气流量计壳体等组成。

热线式空气流量计是利用空气流过热线时的冷却效应制成的,其工作原理如图4-16所示。

铂金属热丝和其他几个电阻组成惠斯通电桥电路。在传感器工作时,热丝被控制电路提供的电流加热到高于冷丝温度100 ℃,此时惠斯通电桥处于平衡状态。进气时气流带走了热丝上的热量使热丝变冷,热丝的电阻值随即也降低,桥形电路平衡被破坏;控制电路加大通过热丝的电流使热丝升温以恢复其原有的电阻值,使电桥重新平衡。进气量越大,热丝被带走的热量也就越多,控制电路的补偿电流也就越大,这样就

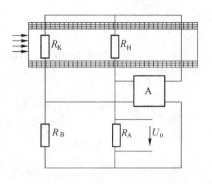

图4-16 热线式空气流量计电路图

把空气流量的变化转换为电流的变化。电流的变化又使固定电阻 RA 两端的电压发生变化,此变化的电压就是热线式空气流量计的输出信号,该信号被输入 ECU 后,ECU 据此确定喷油量。

热丝长时间暴露在进气中,会因空气中灰尘附着在热丝上而影响测量精度,需增加自洁净功能:关闭点火开关时 ECU 向空气流量计发出一个信号,控制电路立即给热丝提供较大电流,使热丝瞬时升温至1 000 ℃左右,把附着在热丝上的杂质烧掉。自洁净功能持续时间为1～2 s。

热膜式不使用白金丝作为热线,而是将热线电阻、补偿电阻及桥路电阻用厚膜工艺制作在同一陶瓷基片上构成的。

增加了发热体的强度,提高了空气流量计的可靠性。

3. 进气歧管绝对压力传感器

(1) 作用

进气歧管绝对压力传感器(图4-17)根据发动机的负荷状态测出进气歧管内绝对压力的变化,并转换成电压信号,与转速信号一起输送到电控单元 ECU,作为燃油喷射和点火控制的主控信号。

(2) 分类

进气歧管绝对压力传感器按工作原理可分为压阻效应式、电容式和电感式三种。压阻效应式传感器具有灵敏度高、尺寸小、成本低、动态响应和抗震性好的优点,从而得到了广泛的应用。

图4-17 进气歧管绝对压力传感器

(3) 压阻效应式进气歧管绝对压力传感器的构造

单晶硅材料在受到应力作用后,其电阻率发生明显变化的现象称为压阻效应。

压阻效应式进气歧管绝对压力传感器的结构如图4-18所示,主要由真空室、硅膜片和IC 集成放大电路组成。

压力转换元件是利用半导体压阻效应制成的硅膜片,硅膜片为边长3 mm 的正方形,其中部采用光刻腐蚀的方法制成一个直径2 mm、厚约50 μm 的薄膜片;在薄膜片上,采用集成电路加工技术和台面扩散层技术加工出4个阻值相等的应变电阻片,这4个应变电阻片连接成惠斯通桥形电路。硅膜片的一侧是真空室,另一侧导入进气歧管压力。

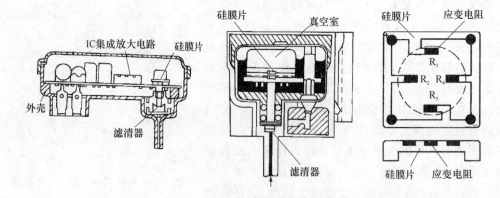

图 4-18 压阻效应式进气歧管绝对压力传感器的构造

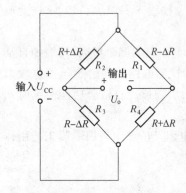

图 4-19 进气歧管绝对压力传感器的等效电路

(4) 压阻效应式进气歧管绝对压力传感器的工作原理
进气歧管绝对压力传感器的等效电路如图 4-19 所示。当接通点火开关时,惠斯通桥形电路便加上电源电压 U_{CC}。发动机不工作时,惠斯通桥形电路中的 4 个应变电阻片的电阻值相等,电桥平衡,电桥输出电压 U_o 为零。当发动机工作时,硅膜片在进气歧管压力作用下产生机械应变,进而产生应力,应变电阻片的阻值在硅膜片应力的作用下发生变化,惠斯通电桥失去平衡,在电桥的输出端即得到输出电压 U_o。

通过特殊加工,可使 4 个电阻应变片处于特殊位置,即在受到硅膜片应力作用下,应变电阻 R_2、R_4 的阻值增加 ΔR,应变电阻 R_1、R_3 的阻值减小 ΔR,当惠斯通桥形电路的电源电压为 U_{CC} 时,电桥的输出电压 U_o 为

$$\begin{aligned} U_o &= U_{R2} - U_{R1} \\ &= (R+\Delta R)U_{CC}/[(R+\Delta R)+(R-\Delta R)] - (R-\Delta R)U_{CC}/[(R+\Delta R)+(R-\Delta R)] \\ &= U_{CC}(\Delta R/R) \end{aligned}$$

式中,R 为应变电阻的初始值;ΔR 为应变电阻的阻值变化量。

(5) 故障诊断

进气压力传感器或空气流量计发生故障,会导致发动机起动困难、加速不良、怠速游车现象。可通过解码器进行检测或拆下用万用表检测各插头间的电阻值,若非电路故障,则为机械故障,如机械损伤、脏污或空量计卡滞(翼片式),必要时要更换空气流量计或进气压力传感器。热膜式空气流量计检查方法如下:

- 拆下后,先进行外观观察,若无外观损伤,则将空气流量传感器线束插接器拨开,传感器接上蓄电池电压,测其信号电压的变化,如果信号电压正常,再向空气流量计吹入空气,信号电压应随风量的大小变化而灵敏地变化。如果有信号电压在风量变化时不变,变化极小或变化迟缓等均为热丝污损,否则为控制器故障。

空气流量传感器是精密器件,在维修时要注意以下几点:

- 严禁敲击防止跌落,免损坏或使信号失准。

- 不能用水或其他清洗剂喷洗空气流量传感器,以免损坏热膜或内部电路。
- 不要随便解体空气流量传感器,将会导致其损坏或性能变化。如解体的是不良空气流量传感器,也很难有修复的可能。
- 若判定为空气流量传感器不良,一般采用更换的方法使系统恢复正常。

4. 节气门体

(1) 节气门的作用

节气门体安装在空气流量计的进气管之后,用以控制发动机不同工况时进入气缸的进气量及检测节气门的开度及开度变化,此信号输入 ECU,控制燃油喷射及其他辅助控制。

(2) 节气门的分类

电位计式节气门:利用触点在电阻体上的滑动来改变电阻值,测得节气门开度的线形输出电压,可知节气门开度,如图 4-20 所示。

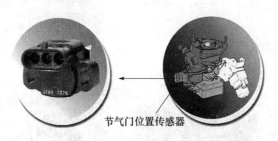

图 4-20　电位计式节气门

触点式节气门位置:如图 4-21 由滑动触点和两个固定触点(功率触点和怠速触点)组成。当节气门全关闭时,可动触点与怠速触点接触;当节气门开度达 50°以上时,可动触点与功率触点接触,检测节气门大开度状态。

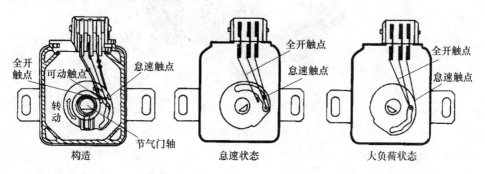

图 4-21　触点式节气门位置

综合式节气门:是在线性电位计式节气门位置传感器的基础上加装了一个怠速触点,其输出端为 IDL,如图 4-22 所示。

电子节气门位置传感器:由加速踏板传感器和节气门位置传感器及节气门电机和控制单元 ECU 组成。根据驾驶员的意图和整车的各种工况同时根据其他传感器如发动机转速、挡位控制、节气门位置及空调能耗等信号实现节气门的最佳开度控制。其组成如图 4-23 所示。

(3) 节气门的构造

节气门体主要由节气门和急速空气道组成,在节气门体上还安装有节气门位置传感器、急速控制阀等装置。图4-23为电子节气门结构,图4-24为综合式节气门结构。

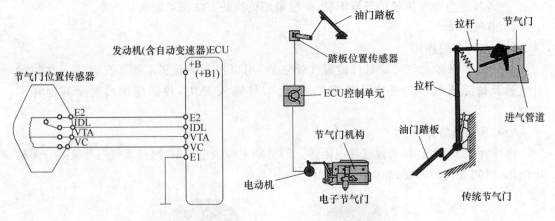

图 4-22 综合式节气门　　　　图 4-23 电子节气门与电节气门

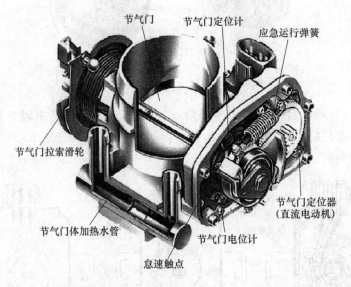

图 4-24 综合式节气门

(4) 节气门的工作原理

传统节气门:传统节气门是一个圆形钢片阀门,传统拉线油门是通过钢丝一端与油门踏板相连另一端与节气门相连,驾驶员油门踏板踩的越深节气门开度越大。这种控制方式节气门开度完全取决于加速踏板的位置,即驾驶员的意图,但从动力性和经济性角度说,发动机并未处于最佳工作状态。

电子节气门:驾驶员操纵加速踏板,加速踏板位置传感器产生相应的电压信号传送给ECU,ECU根据当前的信号进行滤波,消除当前环境噪声的影响,根据当前的工作形式、踏板的移动量和变化率解析驾驶员的意图,计算出发动机的扭矩输出需求,得出相应的节气门转角希望输出值。同时根据其他传感器如发动机转速、挡位控制、节气门位置及空调能耗等信号得出整车的扭矩输出,从而对节气门转角输出进行补偿,从而得到节气门最佳开度,并把电压信号送给驱动电路模块,驱动控制电动机工作,得到最佳节气门开度。节气门位置传感器将节气门开度信号反馈给ECU,实现闭环的位置控制。

它的优点在于能根据驾驶员的意图和整车的各种行驶工况确定节气门的最佳开度,提高了车辆的燃油动力性和经济性,同时具有牵引力控制、巡航控制等功能,提高了车辆的安全性和舒适性。

(5) 节气门的故障检修

节气门体机械故障主要表现为壳体损伤、节气门脏污或卡滞,解决办法是清洗节气门,若发生机械损伤必须更换。

5. 进排气管

进、排气管主要由中间消音器、主消音器、进气歧管、排气歧管和三元催化器组成。

(1) 排气消音器

排气消音器(图4-25)的主要任务是消除排出气缸的废气中的噪声和火星,其核心部件是多孔管道。高能气体在气眼中来回运动的结果是把能量减少或消除,轿车排气管道中采用了2~3个排气消音器。

常用的消音器有两种。一种使用一组消声室来降低噪声;另一种使用附有玻璃纤维的带孔直管和外罩,但其消声效果没有带隔板的消声室好。谐振腔(图4-26)是另一种消声器,排气系统发出的大多数噪声都是振动引起的,这些振动导致了较高的噪声,谐振腔的作用是吸收额外的振动。

图 4-25 排气消音器

图 4-26 谐振腔

(2) 进、排气歧管

进排气歧管(图4-27)是指进气总管后向各气缸分配空气的支管。进气歧管多为铝合金制作,其进气安装在节气门体后,出气口安装在气缸盖一侧,上面通常有1个以上的真空接管,通过真空管道与其他部件相接。排气歧管一端安装在气缸盖一侧,另一端接排气管。进排气歧管在安装时与缸盖间均有垫,其最常见故障现象表现为漏气,一般为垫处结合不良或有裂纹产生。

(3) 三元催化器

三元催化器安装在排气消音器前,其核心部件是陶瓷催化反应体,其任务是将气缸排出的废气中的 CO、HC、NO_x 进行反应使它们再次反应生成 CO_2 和 H_2O 从而减少对环境的污染,三元催化器构造如图4-28所示。

三元催化器只有在一定温度下才起作用,使用三元催化器的汽车禁止使用含铅汽油,以防其中毒而过早损坏。

图4-27 排气总管

图4-28 三元催化器

6. 冷却液温度传感器

冷却水温度传感器安装在发动机缸体或缸盖的水套上,与冷却液接触,用来检测发动机的冷却液的温度。

(1) 冷却液温度传感器结构和原理

冷却液温度传感器是一个具有负温度电阻系数的热敏电阻。水温越低,电阻越大;反之,水温越高,电阻越小如图4-29所示。

图4-29 冷却液温度传感器

冷却液温度传感器的输出电压随热敏电阻阻值的变化而变化。ECU根据这一电压的变化测得发动机冷却液的温度,和其他传感器产生的信号配合,确定喷油脉冲宽度、点火时刻等。

(2) 冷却液温度传感器的检修

① 检查冷却液温度传感器的电源电压:拆开冷却液温度传感器的插接器,接通点火开关,用电压表测量线束插接器上两端子之间的电压(即传感器的电源电压)。正常情况下,该电压值应为5 V。若电压值不正常,则应检查相关的线路。

② 检查冷却液温度传感器的信号电压:连接好冷却液温度传感器的插接器,接通点火开关,用电压表测量线束插接器上两端子之间的电压。其电压值应符合该车型冷却液对应温度下的电压输出值。

③ 检查冷却液温度传感器的工作特性:首先拆下冷却液温度传感器,放入水中加热,用万用表欧姆挡测量不同水温下冷却液温度传感器的电阻值,并将其与标准值对比,即可判定冷却液温度传感器是否正常。

7. 进气温度传感器

进气温度传感器的作用是通过进气温度对进入的空气密度进行修正,从而计算出空气的质量。进气温度传感器也有助于更准确地计算汽油喷射量。空气温度决定了空气密度。冷空气与热空气体积相同时,冷空气质量较重。因此吸入冷空气时,燃烧室内的氧气较多,喷射时间也较长。

进气温度传感器转换为电信号并输入ECU,ECU根据此信号确定进气密度,并结合空气流量传感器(体积型)或歧管进气压力传感器信号精确计算进气质量,从而控制喷油量。空气流量计(体积型)和进气歧管绝对压力传感器检测的是空气的体积流量,因而需要进气温度传感器确定进气密度,从而计算进气质量。

进气温度传感器通常安装在空气滤清器之后的进气软管上或空气流量计上,还有的在空气流量计和谐振腔上各装一个,以提高喷油量的控制精度。

(1) 进气温度传感器的结构和工作原理

如图 4-30 所示,进气温度传感器内部也是一个具有负温度电阻系数的热敏电阻,外部用环氧树脂密封。进气温度越高,阻值越低,反之,越高。

(2) 进气温度传感器的检测

图 4-30 进气温度传感器

如果进气温度传感器本身或其线路故障,将导致发动机起动困难、急速不稳、废气污染物排放量增加。进气温度传感器和 ECU 的连接方式和检修与冷却液温度传感器基本相同。

任务 3 电喷式发动机燃料供给各主要部件构造及维修

供油部分主要担负着燃油的储存、清洁及供给,喷射出具有一定压力的燃油的任务,其主要由燃油箱、燃油泵、燃油滤清器、燃油脉动阻尼器、喷油器、燃油压力调节器、输油管和回油管道等组成,如图 4-31 所示。

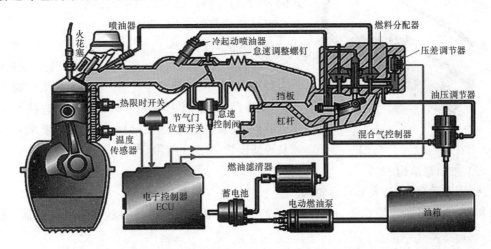

图 4-31 机电控制式电喷射系统结构示意图

1. 汽油箱

汽油箱(图 4-32)一般安装在车架外侧、驾驶员座下或货厢下面(货车),轿车油箱装在车架后部,其主要任务是储存燃油。普通汽车只有一个汽油箱,越野汽车常有主、副两个汽油箱。汽油箱的容量一般应能使汽车的续驶里程达 300~600 km。

汽油箱多为薄钢板冲压焊制,内部镀锌或镀锡,以防腐蚀,有的用塑料铸制,油箱上部有加油管。

加油管由油箱盖密封,同时为保证汽油泵正常工作,油箱盖设有空气阀与蒸气阀。一般的油箱内均装有油位传感器,许多电喷式汽车的电动燃油泵也装在油箱内,如图 4-31 所示。

2. 燃油泵

汽油泵的作用是将汽油从油箱中吸出,并以足够的泵油量和泵油压力。

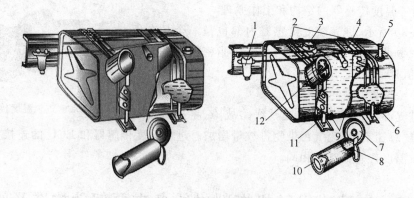

图4-32 汽油箱实物图

1—汽油滤清器；2—固定箍带；3—油面指示表传感器；4—油面指示表传感器浮子；5—出油开关；6—放油螺塞；7—油箱盖；8—加油延伸管；9—隔板；10—滤网；11—汽油架支架；12—加油管

图4-33 燃油泵实物图

向燃油系统供油。汽油机燃油泵有机械式或电动式的，现代轿车则广泛采用电动汽油泵。

电动燃油泵的类型，如图4-33所示。

(1) 按安装位置

• 内置式——与总成集成一体，垂直安装于油箱中。

特点：噪声小、不易产生气阻、安全、管路安装简单。

• 外置式——串接在油箱外部的输油管路中。

特点：安装自由度大，更换便捷，气密性要求高。但油泵吸油段长，易产生气阻，噪声大。

(2) 按油泵结构

• 叶片式泵（透平式泵）、涡轮泵。

特点：泵油压力的脉动小，运行平稳，噪声小，供油系统中不需要脉动阻尼减振器，易小型化，但输送效率较低。

• 容积泵、滚柱式、转子式、滑片式。

特点：泵油压力高，但因其工作非连续，油压脉动性较大，因此在汽油泵出油端还需装有脉动阻尼减振器。

3. 燃油泵工作原理

(1) 涡轮式电动汽油泵

• 特点：涡流泵，涡轮式电动汽油泵的特点是供油压力的脉动小，供油系统中不需要设置脉动阻尼减振器，但输送效率低。

• 结构：涡轮式电动燃油泵属于内置泵，要由驱动电动机、涡轮泵组件、止回阀和泄压阀等组成。涡轮泵部分主要由一个或两个叶轮、外壳和泵盖组成。

• 工作原理：如图4-34所示，当叶轮旋转时，事先充入泵内的液体，就被迫随叶轮一起旋转，并因而产生一定的离心力，向叶轮的外周抛出，进入泵壳的环形流道。液体进入环形流道后，因受流道的限制，又被迫回流，并自叶片根部重新进入的另一叶道中。

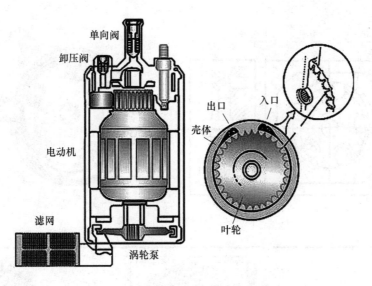

图 4-34 涡轮式电动汽油泵的结构

因此液体在叶片与环形流道之间的运动迹线,对固定的泵壳来说,是一种前进的螺旋线,而对于转动的叶轮来说,则是一种后退的螺旋线,正是由于流体在泵内作上述涡流运动,因此就能使液体连续多次的进入叶片之间,多次的从叶轮获得能量,直到最后达到排出口为止,因此涡轮泵能产生较大的压力,但由于涡流损失严重,效率较低。

(2) 滚柱式电动汽油泵

- 特点:容积泵,滚柱泵泵油压力高,但油压脉动性较大,因此在汽油泵出油端还装有脉动阻尼减振器。
- 结构:滚柱式电动燃油泵一般属于外置泵,如图 4-35 所示主要由燃油泵电动机、滚柱式燃油泵、出油阀、卸压阀等组成。
- 原理:如图 4-36 所示当转子旋转时,位于转子槽内的滚柱在离心力的作用下,紧压在泵体内表面上,对周围起密封作用,在相邻两个滚柱之间形成工作腔。在燃油泵运转过程中,工作腔转过出油口后,其容积不断增大,形成一定的真空度,当转到与进油口连通时,将燃油吸入;而吸满燃油的工作腔转过进油口后,容积不断减小,使燃油压力提高,受压燃油流过电动机,从出油口输出。工作过程如图 4-37 所示。

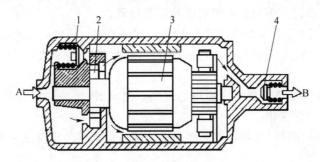

图 4-35 滚柱式电动汽油泵结构示意图
1—安全阀;2—滚柱泵;3—驱动电动机;
4—单向阀;A—进油口;B—出油口

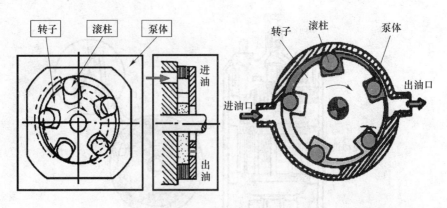

图 4-36 滚柱泵工作原理图

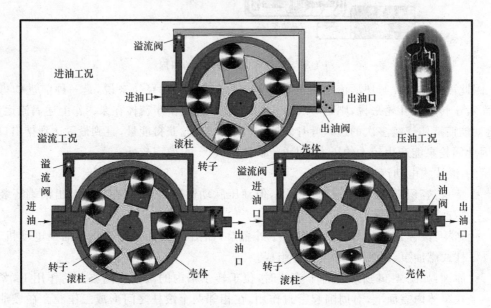

图 4-37 滚柱式电动汽油泵工作过程

(3) 电动汽油泵的维修

汽油泵本身最常见的故障是泵内阀泄漏和电动机故障,油泵损坏而泵油压力不足的故障一般是油箱内缺油时使用油泵而使之冷却不足导致。

其拆下后的检查方法:将燃油泵浸入水中(或汽油中),接通电动机线路,观察喷"油"扬程,若电动机不工作则为电动机故障,若扬程不符合标准,则为机械故障,须更换电动燃泵。

4. 燃油滤清器

(1) 功用:汽油滤清器安装在汽油箱与汽油泵之间,用以滤除汽油中的水分和杂质,保证汽油泵和化油器正常工作。

(2) 分类:主要用两种,是用在货车和客车上的可拆式汽油滤清器和用在轿车上的不可拆式汽油滤清器。

汽油滤清器(图 4-38(a))的滤芯形式除纸质滤芯外,还有金属片缝隙式和多孔陶瓷滤芯。现代的轿车发动机多采用一次性使用、不可拆式纸质滤芯汽油滤清器,其结构如图 4-38(b)所示,一般每行驶 3×10^4 km 需整体更换一次。

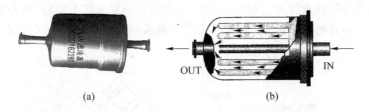

图 4-38　汽油滤清器实物图和结构图

5．喷油器构造与喷油过程

多点喷射式发动机的喷油器安装在进气歧管上，如图 4-15 所示，喷油器的本质就是电磁阀，其功用是按电控单元指令将一定数量的汽油适时地喷入进气管内。

电磁喷油器的分类：如图 4-39 所示。

- 按用途分：多点喷射用和单点喷射用两种。
- 按供油方式分：上部供油和下部供油两种。
- 按结构形式分：轴针式和孔式两种。
- 按磁化线圈阻值分：高阻值（12～17 Ω）和低阻值（0.6～3 Ω）两种。

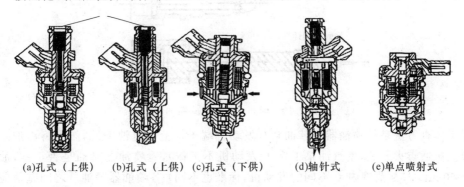

(a)孔式（上供）　(b)孔式（上供）　(c)孔式（下供）　(d)轴针式　(e)单点喷射式

图 4-39　电磁喷油器的分类

喷油器的结构：

（1）轴针式喷油器

特点是轴针可使汽油环状喷出，有利于雾化；针阀在喷口中往复运动，不易引起喷堵塞，如图 4-40 所示。

（2）孔式喷油器

如图 4-40 所示，孔式喷油器有球阀式和片阀式，球阀式喷油器球阀杆为空心杆，质量轻。另外，由于球阀有自动定心作用，因而具有较高的密封性能。

（3）原理

通电时电磁线圈产生电磁力，衔铁及针阀被吸起，喷油器开启，汽油经喷孔喷入进气道或进气管；断电时电磁力消失，衔铁及针阀在复位弹簧的作用下将喷孔封闭，喷油器喷油。喷油器的通电、断电由电控单元以电脉冲控制，喷油量由电脉冲宽度决定：脉冲宽度正比于喷油持续时间，正比于喷油量。一般针阀升程为 0～1 mm，而喷油持续时间在 2～10 ms 范围内。

（4）常见故障及维修方法

喷油器是汽油喷射系统中故障较多的部件之一，常见的故障表现为不喷油、喷油器密封不严、滴油。其最好的检查方法是将喷油器装在喷嘴清洗检测仪上进行,调控好机器先进行清洗,清洗后再次检查喷嘴喷油量、喷雾形状以及是否有滴漏现象。如不符合标准,则应更换喷油嘴。

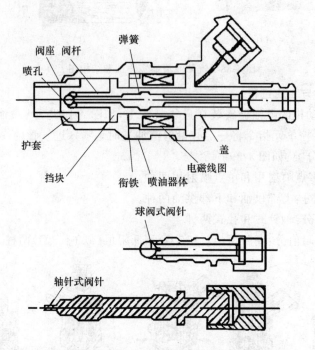

图 4-40 球阀式和轴针式喷油器

手工检查方法是将喷油器用软油管与发动机端子接上蓄电池电压,然后将汽油泵插接器短接。接通点火开关,使汽油泵工作(发动机不工作),看喷油器喷油是否正常,油量应在 40~50 mL/15 s 范围内(不同的发动机,标准也不同)各喷油器喷油量之间差值应少于 5 mL。拆下专用接线器,使喷油器停止喷油,看喷油器漏油与否,每分钟滴油少于一滴为阀密封性能良好,否则需要换喷油器,喷油器电磁线圈电阻值在标定值之间,如果测得电阻过小或过大都需要更换该喷油器。

6. 燃油压力调节器

(1) 构造与作用

稳压器有三个接口:一个进油口接燃油分配管,一个出油口接油箱回油管,另一个是真空管接进气歧管,如图 4-41 所示,其任务是使进入燃油分配管的燃油维持在一定的油压范围内。

(2) 工作原理

油压大小由弹簧和气室真空度两者协调,当油压超过标准值时,高压燃油会顶动膜片上移将球阀打开,多余燃油会从回油口经回油管流回油箱。当油压力降至标准值时。弹簧会下压膜片

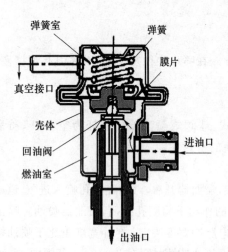

图 4-41 燃油压力调节器构造

将球阀关闭。真空度与发动机负荷成正比的增长关系,负荷大则真空度大,真空度大则回油量大。

(3) 常见故障及维修方法

稳压器故障常发生在膜片和阀门处,一般表现为膜片破裂或阀门。从进油口加入较高压力燃油检测回油管是否漏油,若有,须更换稳压器。

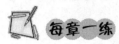

每章一练

1. 汽油机燃油供给系统的作用是什么?
2. 空气流量计与歧管进气压力传感器在应用上有哪些区别?
3. 燃油压力调节器的作用是什么?
4. 如何检测燃油泵的性能?
5. 简述燃油泵的工作过程。
6. 水温传感器和进气温度传感器的作用是怎样的?
7. 燃油喷射系统的检查步骤是怎样的?
8. 节气门的分类是怎样的?电子节气门的作用有哪些?

项目五　柴油机燃油供给系统的构造与维修

**本章概述**

柴油机的燃烧方式不同于汽油机,汽油机采用点燃方式,柴油机采用压燃方式。柴油机使用的燃料是柴油。与汽油相比,柴油黏度大、蒸发性差、燃点低(为 240~400 ℃)因此柴油不可能像汽油那样,在化油器中利用高速气流和喉管的真空度在常温下被吸、出雾化并蒸发;也不可能像汽油直喷系统那样,在低压下被喷射在进气管或进气歧管内形成可燃混合气。本章就柴油机燃料供给系的组成、构造、特点、故障与维修等相关知识进行讲解和阐述。

教学目标

1. 了解柴油机燃烧方式与汽油机燃烧方式的区别;
2. 了解柴油机可燃混合气的形成与燃烧过程;
3. 掌握柴油机燃料供给系的组成和作用;
4. 掌握柴油机燃料供给系的主要部件的作用、类型、组成、构造和工作原理;
5. 熟悉输油泵、喷油泵、喷油器的检修方法;
6. 熟悉输油泵、喷油泵、喷油器和调速器的调试方法;
7. 熟悉柴油机油路常见故障的现象、原因和诊断与排除方法。

任务 1　认识柴油机燃料供给系统

一、柴油机燃料供给系统的组成

柴油机燃料供给系通常由燃油供给、空气供给、混合气形成和废气排出四大装置组成。柴油机燃料供给系主要部件如图 5-1 所示。

- 柴油机燃料供给系的燃油供给装置包括柴油箱、输油泵、低压油管、柴油滤清器、喷油泵、高压油管、喷油器和回油管等。柴油箱的作用和汽油箱差不多。柴油由输油泵从柴油箱中泵出,经柴油滤清器滤去杂质和水分后,进入喷油泵加压,再经高压油管送到喷油器,由喷油器将高压柴油直接喷入燃烧室。通常输油泵的供油量比喷油泵的供油量大得多,因此多余的柴油就从回油管流回到输油泵的入口。
- 柴油机燃料供给系的空气供给装置主要包括空气滤清器、进气管和气缸盖内的进气道。
- 柴油机燃料供给系的混合气形成装置主要是燃烧室。
- 柴油机燃料供给系的废气排出装置主要包括气缸盖内的排气道、排气管和消声器。

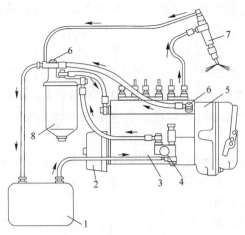

图 5-1 柴油机的供油系统

1—油箱;2—供油提前角调节装置;3—喷油泵;4—输油泵;
5—调速器;6—溢流阀;7—喷油器;8—柴油滤清器

　　从柴油箱到喷油泵入口这段油路称为低压油路,其油压是由输油泵提供的,输油泵出油压力为 0.15~0.3 MPa。

　　从喷油泵到喷油器这段油路称为高压油路,其油压是由喷油泵提供的,喷油泵出油压力为 12~22 MPa。

二、柴油机的燃料使用性能指标

柴油机所用的燃料是柴油,柴油有重柴油和轻柴油之分,汽车柴油机只使用轻柴油。柴油的使用性能指标主要有黏度、凝点、发火性和蒸发性。

　　轻柴油由石油温度在 250~360 ℃ 的范围内在隔绝氧气的情况下干馏而得。其主要成分是液烷,其中含碳 87%,含氢 12.6%,含氧 0.4%。

1. 黏度

黏度是衡量燃油流动性的标尺。它影响柴油的喷雾质量和喷束的贯穿能力以及柴油在油管中的流动性。黏度越大,雾化后的油滴颗粒度也越大,使柴油和空气的混合不均匀,燃烧不完全,油耗加大,排放污染增加。

2. 凝点

凝点是指柴油冷却到开始失去流动性的温度。柴油的牌号就是根据柴油的凝点定的,如 10 号、0 号、-10 号、-20 号的柴油,它们的凝点分别是 10 ℃、0 ℃、-10 ℃、-20 ℃。一般柴油的凝点应比最低工作温度低 3~5 ℃,凝点过高将造成油路堵塞。如 10 号柴油就很少用于汽车,因为在大多数的季节里,在常温下它已凝固、堵塞油管,柴油机根本无法工作,因此在不同的季节里应选用不同牌号的柴油。

通常汽车柴油机应选用黏度和凝点适宜的、十六烷值较高、蒸发性较好、不含杂质和水分的柴油。

3. 发火性

发火性是指柴油的自燃能力。柴油的发火性用"十六烷值"来表示。十六烷值高，则柴油的自燃性能好，柴油机工作柔和，起动性好；但十六烷值高，柴油的凝点也高，凝点高的柴油蒸发性差；因此汽车用柴油的十六烷值一般应在40～50的范围。

4. 蒸发性

燃油的蒸发性通常用馏程来表示，即用燃油馏出某一百分比的温度来表示。例如，从石油中干馏出全部柴油的50%时的温度，称为50%馏出温度。

柴油的蒸发性注重三个馏出温度：

- 50%、90%和95%馏出温度。50%馏出温度低，说明这种柴油轻馏分多、蒸发性好，有利于混合气的形成。
- 但50%馏出温度太低也不好，容易在着火前形成大量油气混合气，一旦着火压力猛增，将引起柴油机工作粗暴。
- 90%和95%馏出温度标志着柴油中重质成分的多少，90%和95%馏出温度高，说明柴油中重质成分较多，蒸发性差，难以形成均匀的可燃混合气，燃烧不容易及时和完全。

任务2　柴油机燃烧特点和燃烧室

一、柴油机可燃混合气的形成

1. 柴油机可燃混合气的形成过程

与汽油机相比，柴油机形成可燃混合气的条件要苛刻得多。汽油机中的可燃混合气从化油器中就开始混合，到压缩行程终了时，汽油和空气差不多已充分混合；而柴油机进入气缸被压缩的是纯空气，直到压缩行程接近终了时，柴油才喷入气缸和空气开始混合，其形成混合气的时间只有汽油机的1/20。由于柴油机形成可燃混合气的时间非常短促，使得柴油难以在燃烧前很好地雾化并蒸发，形成均匀的混合气，因此不得不采用较大的过量空气系数（或较大的空燃比）。

2. 柴油机可燃混合气形成的方式

柴油机可燃混合气形成的方式有空间雾化混合和油膜蒸发混合两种。一般空间雾化混合较快，油膜蒸发混合稍慢一些。

（1）空间雾化混合：其是在燃烧室空间中利用柴油与空气的相对运动（进气涡流和压缩挤气涡流）形成较均匀的混合气。相对运动的速度越高，油滴与空气的摩擦和碰撞越激烈，被气流撕碎后的油滴也越细小，混合气也越均匀，混合气在这一过程中混有尚未蒸发的小油滴，呈油气共存状态。

（2）油膜蒸发混合：其是指被喷到燃烧室壁面上的柴油形成油膜，受到壁面的加热逐层蒸发后，与空气形成较均匀的混合气。

3. 压力 p 与曲轴转角 θ 的关系

图 5-2 所示的是在压缩和做功过程中,气缸内压力 p 随曲轴转角 θ 变化的关系。从图中可以看到:

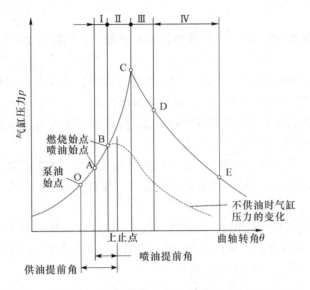

图 5-2　柴油机气缸压力与曲轴转角的关系
Ⅰ—备燃期;Ⅱ—速燃期;Ⅲ—缓燃期;Ⅳ—补燃期

(1) 供油提前角:从 O 点喷油泵的出油阀打开,开始供油,一般把从喷油泵开始供油到该缸活塞到压缩行程上止点为止的曲轴转过的角度称为供油提前角。

(2) 喷油提前角:从 A 点喷油器开始向气缸内喷油,一般把从喷油器开始喷油到该缸活塞到压缩行程上止点为止的曲轴转过的角度称为喷油提前角。

二、柴油机可燃混合气的燃烧过程

根据气缸内压力和温度变化的特点,可将可燃混合气的形成与燃烧分成四个阶段。

1. 第Ⅰ阶段备燃期(着火落后期)

从喷油始点 A 到可燃混合气第一个着火点 B(燃烧始点)出现为止。呈雾状喷入气缸的柴油从高温的压缩空气中吸收热量,迅速蒸发、扩散与空气混合,进行燃烧前的物理化学准备。这一段时间极短,只有 1~3 ms。备燃期过长会引起柴油机工作粗暴。

2. 第Ⅱ阶段速燃期

从燃烧始点 B 起,火焰自火源迅速向各处传播,使燃烧速度大大加快,燃料急剧放热,气缸内压力和温度迅速升高,直到压力最高值 C 点为止。

3. 第Ⅲ阶段缓燃期

在此阶段,喷油已结束。随着活塞的下移,燃烧室体积逐步扩大,气缸内压力开始下降。在此阶段刚开始,燃烧速度很快,但随着燃烧的深入,氧气逐渐被消耗,废气逐渐增加,因此燃烧速度也就逐渐放慢,但是气缸内温度却在上升,到达 D 点温度升至最高点。

4. 第Ⅳ阶段补燃期(后燃期)

从 D 点到 E 点。由于燃烧室体积进一步扩大,氧气大多被消耗,因此燃烧条件恶化,燃烧得以缓慢进行,气缸内压力和温度都随之下降,至 E 点燃烧结束。

为了改善混合气的形成条件,使备燃期不至过长而引起柴油机工作粗暴,除了选用十六烷值较高的柴油外,还应采用较高的压缩比（ε=15～21）。

三、燃烧室

柴油机燃烧室通常分成两大类:直接喷射式和分隔式燃烧室。

1. 直接喷射式

（1）直接喷射式燃烧室涡流产生的方法:直接喷射式燃烧室是由凹形的活塞顶面与气缸盖底面之间的空间构成,其主要容积是在活塞顶的凹坑内。

直接喷射式燃烧室为了使空气与柴油充分混合,必须使进入气缸内的空气产生涡流,涡流产生的方法有进气涡流和压缩挤流两种。

- 进气涡流就是设法使空气产生旋转后,再进入气缸。通常的方法是将进气道设计成螺旋形,进气道的出口沿燃烧室的切向设置。这样在进气行程中空气经螺旋进气道进入燃烧室后,就能形成进气涡流。
- 压缩挤流就是在压缩行程中,活塞压向上止点时,活塞顶部外围的环形空间中的空气 被挤入活塞顶部的凹坑内,由此产生的涡流就是压缩挤流,简称挤流,如图 5-3 所示。压缩挤流有二次涡流的效果。

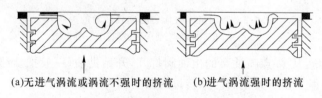

(a)无进气涡流或涡流不强时的挤流　　(b)进气涡流强时的挤流

图 5-3　压缩挤流

（2）孔式喷油器:直接喷射式燃烧室必须采用孔式喷油器,而且喷油器置于燃烧室的上部的当中。从喷油器喷出的柴油直接喷入燃烧室,喷出的柴油束与燃烧室的形状相匹配,借助于进气涡流和活塞压缩时产生的挤气涡流的搅动,与空气迅速形成可燃混合气。

（3）常见的直接喷射式燃烧室:常见的直接喷射式燃烧室有 ω 形和球形两种。

① ω 形燃烧室。如图 5-4 所示,ω 形燃烧室的活塞顶部凹坑纵剖面轮廓形状为 ω 形。ω 形燃烧室通常与螺旋进气道相配,使沿切向进入的进气涡流绕气缸轴线旋转,以加快混合气的形成和改善燃烧状况。喷入的柴油一部分喷散在燃烧室空间,另一部分被空气涡流甩到燃烧室的壁面上形成油膜。可燃混合气要在这种燃烧室内迅速形成,除了靠进气涡流和挤气涡流的搅动之外,还要靠柴油的喷雾和分布的质量。ω 形燃烧室可燃混合气的形成以空间雾化混合为主,以油膜蒸发混合为辅,因此 ω 形燃烧室要求有较高的喷油压力,一般为 17～22 MPa,并采用小孔径的多孔喷油器。

6135Q 型柴油机就是采用 ω 形燃烧室和多孔喷油器,其喷油压力为 17.5 MPa。

ω 形燃烧室的优点是:结构简单、易于加工、散热面小、热效率高,由于总有一部分柴油在燃烧室空间先形成混合气而发火;因此此类柴油机起动性较好。ω 形燃烧室的缺点是:喷油压力高,由此造成与其相配套的喷油泵和喷油器的三大偶件(喷油泵的柱塞偶件和出油阀偶件、喷油器的针阀偶件被称为三大偶件)加工精度要求高,多孔喷油器喷孔直径小,易堵塞;在备燃期内形成的混合气较多,使柴油机工作比较粗暴。

②球形燃烧室：如图5-5所示，气道相配，在进气时形成强烈的进气涡流，使单孔或双孔的喷油器喷出的柴油在接近于燃烧室切线方向上喷入燃烧室。只有少量的柴油喷散在燃烧室的空间，大部分的柴油喷到燃烧室的壁面上，形成比较均匀的油膜，油膜吸收壁面上的热量，逐层蒸发，在进气涡流的搅动下形成均匀的混合气。先期喷散在空间的少量雾状柴油已与空气混合，自行发火燃烧，形成火源，点燃逐层蒸发并与空气混合的可燃混合气使燃烧得以深入。

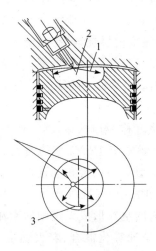 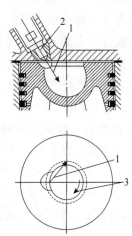

图 5-4　ω形燃烧室　　　　　　　图 5-5　球形燃烧室
1—油束；2—凹坑；3—空气涡流　　1—油束；2—喷油器；3—空气涡流

球形燃烧室中的燃烧过程可以说是先慢后快，可燃混合气的形成主要靠油膜逐层蒸发，在备燃期内积聚的混合气较少，因此在速燃期内压力升高不快，柴油机工作比较柔和；但随着燃烧过程的进展，燃烧室内的温度越来越高，柴油蒸发也越来越快，与空气混合速度也同时加快，使燃烧过程能及时进行。

球形燃烧室的优点是工作平稳，燃烧噪声小，经济性较好。

球形燃烧室的缺点是冷起动困难，工况变化性能差，在低速、低负荷工况时，油膜蒸发困难，因此，目前使用较少。

为了改进柴油与空气的混合效果，提高柴油机燃烧效率，人们又设计了多种非回转体形的直接喷射式燃烧室如四角形、花瓣形燃烧室，且改进了柴油机的燃烧性能。

2. 分隔式燃烧室

(1) 分隔式燃烧室的结构特点：分隔式燃烧室的结构特点是燃烧室除了位于活塞顶部的主燃烧室外，还有位于气缸盖内的副燃烧室，主、副燃烧室之间有通道相连。柴油不直接喷入主燃烧室。而是先喷入副燃烧室。分隔式燃烧室通常与轴针式喷油器相配。

(2) 分隔式燃烧室的特点如下：
- 混合气的形成主要靠强烈的空气运动，对喷油系统要求不高。因此平时故障少。
- 因为燃烧在副燃烧室与主燃烧室先后进行，所以主燃烧室内压力升高较慢，使柴油机工作较柔和。而且排气污染也少。
- 但其散热面积大，流动损失大，因此油耗率高，起动性能差。
- 为改善起动性能，必须采用更高的压缩比并且设置起动电热塞。

(3) 常见分隔式燃烧室形式有两种：涡流室式燃烧室和预燃室式燃烧室。

① 涡流室式燃烧室。涡流室式燃烧室的副燃烧室称为涡流室。其结构如图 5-6 所示。涡流室常见的形状有球形和上半部为球形、下半部为圆柱形的。涡流室的容积一般占燃烧室总容积的 50%～60%。

活塞顶部的主燃烧室一般为各种形状的凹坑或导流槽。涡流室与主燃烧室的通道截面面积为活塞截面积 1%～4%通道方向通常与活塞顶面成一定的倾斜度，在压缩行程中，空气从气缸被挤入涡流室时形成强烈的有规则的压缩涡流，喷入涡流室的柴油靠这种强烈的涡流与空气迅速混合。大部分的柴油喷入后即在涡流室内燃烧，没有燃烧的部分在做功行程的初期就随高压燃气经通道喷入主燃烧室，进一步与空气混合后燃烧。涡流室中产生的涡流运动比直接喷射式燃烧室的进气涡流更强烈，因此可降低对喷雾质量的要求，可采用较低的喷油压力(12～14 MPa)。

② 预燃室式燃烧室。预燃室式燃烧室的副燃烧室称为预燃室，其结构如图 5-7 所示。预燃室的容积一占燃烧室总容积的 35%～45%。预燃室与主燃烧室的通道截面面积为活塞截面面积的 0.3%～0.6%。预燃室与涡流室相比，预燃室的容积和连接通道的截面面积都较小，因此通道内的最大流速要大 50%。在压缩过程中，气缸内部分空气受挤压流入预燃室，由于连接通道很窄，而且不与预燃室相切，流入的空气形成无规则的紊流。空气紊流使部分柴油雾化混合、着火燃烧；由此引起预燃室温度和压力急剧升高，没有燃烧的大部分浓混合气随燃气高速喷入主燃烧室，由于通道的节流作用，在主燃烧室内形成燃烧涡流，促使浓混合气中的油滴在主燃烧室内与空气进一步混合、蒸发并燃烧。

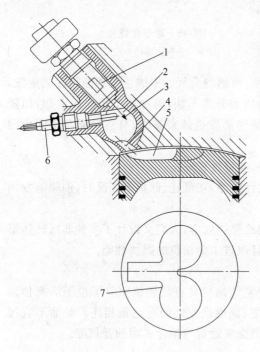

图 5-6 涡流室式燃烧室

1—喷油器；2—涡流室；3—油束；4—通道；
5—主燃烧室；6—电预热塞；7—导流槽

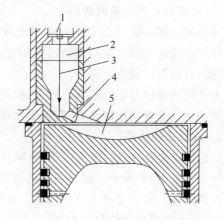

图 5-7 预燃室式燃烧室

1—喷油器；2—预燃室；3—油束；
4—通道；5—主燃烧室

任务3 喷油器的构造与维修

一、喷油器的作用

喷油器的作用是将喷油泵供给的高压柴油以一定的喷射角度和射程成雾状喷入燃烧室。为了满足柴油机在各种工况下运行的要求,喷油器应该做到喷油时刻准确、停油迅速果断、断油后不发生滴漏。

柴油机常用的喷油器有两种:孔式喷油器和轴针式喷油器。

二、常见的喷油器

1. 孔式喷油器

孔式喷油器一般用于采用直接喷射式燃烧室的柴油机。喷油孔的数目一般为2～8个,喷孔直径为0.15～0.80 mm,喷油孔的数目和喷孔的角度根据燃烧室的形式而定,如ω形燃烧室可选4孔;球形燃烧室可选2孔。

(1)孔式喷油器的结构。常用的孔式喷油器结构如图5-8所示,它主要由针阀、针阀体偶件、顶杆、调压弹簧、调压垫片(有的形式的喷油器为调压螺钉)、进油接头、滤芯、回油接头和喷油器体等零件组成。柴油喷射开始时的喷油压力取决于调压弹簧的预紧力,后者可用更换调压垫片来调节(有的形式的喷油器可用旋进或旋出调压螺钉来调节)。

(2)孔式喷油器的工作过程。柴油机运行时,喷油泵输出的高压柴油经高压油管和喷油器的油孔道进入针阀中部周围的环状空间——高压油腔。油压作用在针阀的承压锥面上,给针阀一个向上的推力,当此推力大于弹簧的预紧力时,针阀上移而打开喷孔,高压柴油就从喷孔喷入燃烧室。当喷油泵停止供油时,由于油压迅速下降,针阀在调压弹簧的作用下及时回位,将喷孔关闭。

在喷油器工作期间,会有少量柴油从针阀与针阀体的配合表面之间的间隙漏出,这些柴油会对针阀起润滑作用,并沿顶杆周围的空隙上升,通过回油管接头流回柴油滤清器。

2. 轴针式喷油器

轴针式喷油器一般用于分隔式燃烧室的柴油机。它的工作原理和孔式喷油器相同。

常用的轴针式喷油器结构如图5-9所示,其结构特点是:

- 密封锥面以上部分结构同孔式喷油器基本相同,只是在针阀下端的密封锥面以下还有一段延伸到喷孔口的轴针,轴针的头部呈圆柱形或倒锥形。

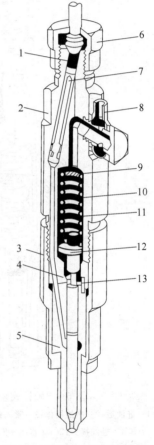

图5-8 常用的孔式喷油器结构
1—进油道;2—喷油器体;3—紧固螺套;
4—中间体;5—针阀体;6—进油接头;
7—滤芯;8—回油接头;9—调压垫片;
10—高压通道;11—调压弹簧;
12—顶杆;13—定位销

- 轴针与喷孔之间形成一个 0.05～0.25 mm 的环状间隙,轴针可在喷孔内上下运动;因此,喷油时的喷束呈空心的圆柱状或圆锥状。
- 当针阀密封锥面将高压柴油推离阀座时,喷油器就开始喷油,如图 5-10 所示。
- 喷孔的流通截面面积与喷束锥角的大小取决于轴针的升程和形状;
- 由于某种原因受轴针头部形状的影响,在喷射初期流通截面面积增长较小,因此在喷射初期喷油量也较小,这对柴油机工作柔和是有利的。

常见的轴针式喷油器只有一个直径为 1～3 mm 的喷孔,由于孔径比较大,孔内有轴针上下运动,喷孔内不但不易积炭,而且还有自行清除积炭的能力。

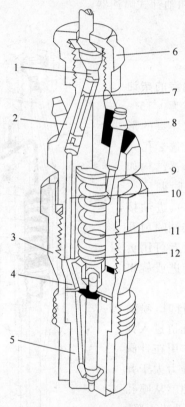

图 5-9　轴针式喷油器结构图
1—进油道;2—喷油器体;3—紧固螺套;4—中间体;5—针阀体;
6—进油接头;7—滤芯;8—回油接头;9—调压垫片;
10—高压通道;11—调压弹簧;12—顶杆

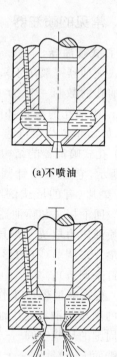

图 5-10　轴针式喷油器的喷油情况

三、喷油器的检修

喷油器是柴油机燃料供给系的易损部件,通常柴油车每行驶 10 万～12 万公里或柴油机出现动力不足,急速不稳等现象时,应对喷油器做检查、检验并视情修理。

1. 喷油器性能的检验和调整

喷油器的检验应在专用的试验器上进行。试验器由手油泵、油压表和油箱组成。喷油器检验的内容通常为喷油压力、喷雾质量、密封性检验和喷油与停止喷油的干脆程度检验。

- 喷油压力的检验和调节:将被检喷油器安装在试验器上,压动手柄排净系统内的空气。然后慢慢压动手柄并观察油压表,当喷油器开始喷油时油压表的指示值,即为该喷油器的喷油压力,此压力值应符合标准。若喷油压力不符合标准可通过更换调压垫片来调节或用旋进或旋出调压螺钉来调节。
- 喷雾质量的检验:以每秒 1~2 次的速度压动手柄,喷出的柴油应成雾状、分布细而均匀、没有明显的飞溅的油滴、连续的油珠和局部浓稀不匀的现象;喷束的锥度为 15°~20°喷油开始和结束应有清脆的响声。
- 密封性能的检验:将油压在低于喷油压力 1~2 MPa 的状态下,保持 10 s,喷油器头部不得出现渗油现象;否则要清洗喷油器或在研磨密封锥面后重新检验。
- 喷油与停止喷油的干脆程度检验:喷油一次后观察油压表下降是否超过 10%~15%,若压力下降过多,则说明停止喷油不迅速果断。

2. 喷油器零件的检验

- 针阀偶件的检验:针阀偶件配合表面应色泽均匀、无损伤、锈蚀;偶件密封锥面光亮,无麻点、刻痕;锥面密封带宽度应小于 0.5 mm;将针阀偶件配合表面用柴油浸润后使其倾斜 45°,再将针阀拉出 1/3 的长度并旋转一下,放手后针阀能无阻滞地缓缓下滑,滑到底的时间在 1~3 s 内为正常。
- 调压弹簧检验:调压弹簧应不松弛、无裂纹、麻点和塑性变形,端面应与轴线垂直。

3. 喷油器的修理

若喷油器及其零件不能满足检验的标准和要求,则应更换针阀偶件、弹簧等零件。具体步骤是:

- 先将喷油器解体并清洗干净;
- 然后将壳体与针阀偶件的接触表面进行研磨;
- 再将新针阀偶件洗去油蜡后重新安装;
- 最后按规定转矩拧紧紧固螺套;

更换新零件后必须重新对喷油器做检验。

四、喷油泵

1. 喷油泵的作用及要求

喷油泵是柴油机燃料供给系的心脏。喷油泵的作用是定时地向喷油器输送高压柴油;并根据柴油机的不同工况,随时改变高压柴油的供给量。

对多缸柴油机的喷油泵的要求是:

- 各缸供油的次序符合柴油机的发火次序;
- 各缸供油量应均匀,不均匀度应小于 3%~4%;
- 各缸供油提前角应一致,相差应小于 0.5°的曲轴转角;
- 油压的建立和供油的停止必须迅速及时,以保证供油规律和防止喷油器滴漏。

2. 喷油泵的结构形式

喷油泵的结构形式较多,车用柴油机的喷油泵主要有三类:柱塞式喷油泵、喷油器—喷油泵和转子分配式喷油泵。

- 柱塞式喷油泵。性能良好,使用可靠,技术成熟,已被大多数传统的汽车柴油机所采用。
- 喷油器—喷油泵。将喷油泵与喷油器做成一体,安装在缸盖上,由上置凸轮轴直接驱动,它省却了连接喷油器和喷油泵之间的高压油管,因此也消除了高压油管带来的不利影响。
- 转子分配式喷油泵:依靠转子的转动来进行泵油和燃油分配,它具有结构紧凑、体积小、质量轻、能在较高转速下工作等优点,尤其是体积小,对发动机和汽车的整体布置十分有利,因此在轿车和轻型汽车的柴油机上应用日趋广泛。

(1) 柱塞式喷油泵的结构和工作原理

柱塞式喷油泵(简称柱塞泵)由德国 Bosch 公司在 20 世纪 20 年代首创,是目前车用柴油机中应用最广泛的喷油泵。国产系列的常用柱塞式喷油泵有 A 型泵、B 型泵和 P 型泵等,B 型泵和 A 型泵的结构和工作原理基本相同,只是在结构参数上有所变动。在本章节中以 A 型泵为例讲述柱塞泵的工作原理和结构,A 型泵结构如图 5-11 所示。

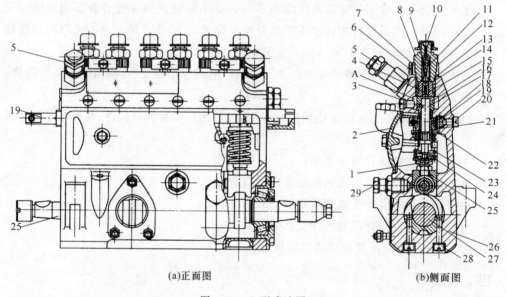

图 5-11 A 型喷油泵

1—调整螺钉;2—检查窗盖;3—挡油螺钉;4—出油阀;5—限压阀部件;6—槽形螺钉;7—前夹板;8—出油阀压紧座;9—减容器;10—护帽;11—出油阀弹簧;12—后夹板;13—O 形密封圈;14—垫圈;15—出油座;16—柱塞套;17—柱塞;18—可调齿圈;19—调节齿杆;20—齿杆限位螺钉;21—控制套筒;22—弹簧上支座;23—柱塞弹簧;24—弹簧下支座;25—滚轮架部件;26—泵体 27—凸轮轴;28—紧固螺钉;29—润滑油进油空心螺栓

通常柱塞泵由分泵、油量调节机构、传动机构和泵体组成。

① 分泵的结构。柱塞泵的每一分泵各自独立向其所对应的气缸供油,分泵的数目等于气缸的数目。

如图 5-11 所示,分泵主要由柱塞偶件、柱塞弹簧、弹簧下支座、出油阀偶件、出油阀弹簧和出油阀压紧座等零件组成。

柱塞泵的每一分泵都有两大精密偶件,一是柱塞偶件,二是出油阀偶件。偶件的零件是相互研磨配对而成,不得任意互换。

- 如图 5-12 所示,柱塞偶件由柱塞和柱塞套组成,柱塞的圆柱形表面铣有螺旋形(在平面图上呈倾斜直线状)或直线形的沟槽,沟槽与柱塞顶面有孔道相通。柱塞套上有进油孔泵体内的低压油腔相通。柱塞偶件是分泵产生高压的压油元件,其配合间隙通常只有 0.001 5~0.002 5 mm。柴油渗入配合间隙形成油膜,既可起密封增压作用,又可对柱塞偶件起润滑作用。
- 如图 5-12 所示,出油阀偶件位于柱塞套的上面,受出油阀弹簧的作用,出油阀紧压在阀座上。如图 5-13 所示,通常出油阀制成尾部开槽截面呈十字形的结构。截面呈十字形的尾部在阀座中有导向作用,尾部的切槽是油路通道。出油阀中部的圆柱面 3 称为减压环带,其作用是:在喷油泵停止供油后迅速降低高压油管中的柴油压力,使喷油器即刻停止喷油。

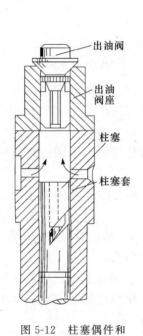

图 5-12 柱塞偶件和
出油阀偶件

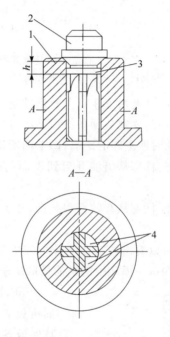

图 5-13 出油阀
1—出油阀座;2—出油阀;3—减压环带;4—切槽

② 分泵的供油原理。如图 5-14 所示,当柱塞上升,遮盖住进油孔时,泵腔燃油压力升高。当燃油压力大到能克服弹簧预紧力时,出油阀上升,阀的锥面离开阀座,由于它受减压环带的封堵,这时还不能马上出油,只有等到出油阀上升了一段距离 h 后,使减压环带走出阀座导向孔时,受压柴油才能进入高压油管。同样,在出油阀下落时,减压环带一旦进入阀座导向孔,燃油出口即刻被切断。随后,出油阀还要下降一段距离 h 后,出油阀才能和阀座的锥面贴合。出油阀的下落,使高压油管容积增大而压力迅速下降,喷油戛然而止。若无减压环带,在出油阀落在阀座的锥面上后,在喷油泵停止供油的一瞬间,高压油管仍存在很高的余压,喷油器会发生滴漏现象。

当柱塞在上移压油过程中,表面的螺旋槽与柱塞套的进油孔相通时,活塞顶面上的高压燃油立即通过进油孔回到泵体内的低压油腔,分泵供油就此结束。由此,可以看出分泵柱塞在向上运动中的全过程中包括四个行程,即预备行程、减压带行程、有效行程和剩余行程。

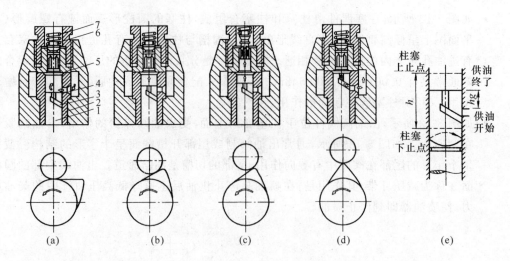

图 5-14 柱塞式喷油泵泵油原理示意
1—柱塞；2—柱塞套；3—斜槽；4—油孔；5—出油阀座；6—出油阀；7—出油阀弹簧

- 预备行程：柱塞由下止点上升到柱塞完全遮盖住进油孔时所上移的距离。
- 减压带行程：柱塞从预备行程结束（出油阀的锥面离开阀座）到减压环带完全走出阀座导向孔时所上移的距离，即上面所讲的距离 h。
- 有效行程：柱塞从出油开启到表面的螺旋沟槽与柱塞套的进油孔相通时所上移的距离。
- 剩余行程：柱塞从有效行程结束，开始向泵体低压油腔回油，到柱塞上止点所上移的距离。

综上所述，可以看出柱塞在上升行程中不是全行程都供油，而只是在有效行程中才供油。因此，分泵在每一循环中的供油量取决于柱塞的有效行程。

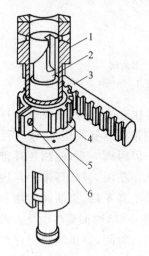

图 5-15 齿条式油量控制机构
1—柱塞套；2—柱塞；3—调节齿杆；
4—调节齿圈；5—油量控制套筒；6—螺钉

③ 油量调节机构。油量调节机构的作用是根据柴油机负荷和转速的变化相应地改变喷油泵的供油量并且保证各缸供油量的一致。

柱塞式喷油泵是通过转动柱塞来改变柱塞的有效行程，从而来改变喷油泵的供油量的。A 型喷油泵采用齿条式的油量调节机构。如图 5-15 所示，柱塞下部嵌入控制套筒，控制套筒外上部套有一个可调齿圈，用螺钉锁紧。齿圈与齿条相啮合，移动齿条使柱塞转动就能改变柱塞的有效行程，从而改变喷油泵的供油量。齿条的移动可由驾驶员操纵或调速器控制。柱塞上的螺旋沟槽有左旋和右旋之分，因此，其增加或减少供油时，柱塞转动方向正好相反。

若要调整各缸供油的均匀性，可松开某分泵柱塞可调齿圈上螺钉，使调整齿圈相对于控制套筒转过一定角度，再旋紧螺钉使其抱死在控制套筒上。

④ 传动机构。如图 5-16 所示,柱塞式喷油泵的传动机构由凸轮轴和滚轮传动部件组成。

凸轮轴两端支承在圆锥滚子轴承上,前端装有联轴器和机械离心式提前角自动调节器;后端与调速器相连。凸轮轴由柴油机的曲轴通过正时齿轮或正时同步齿形带驱动。四冲程柴油机喷油泵凸轮轴与柴油机曲轴转速之比为 1∶2,该凸轮轴上各凸轮的相对角度与柴油机各缸发火次序相对应。

滚轮传动部件如图 5-17 所示,带衬套的滚轮松套在滚轮轴上,而滚轮轴两端支承在滚轮架的座孔中,滚轮架圆柱面上镶有导向块,泵体上开有轴向长槽,导向块插入此槽,使滚轮架只能上下移动而不能转动。

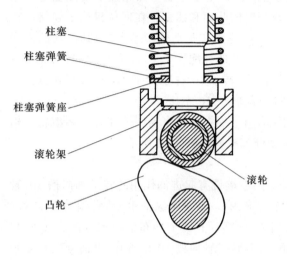

图 5-16 柱塞式喷油泵的传动机构示意图

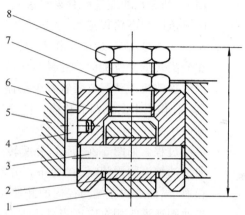

图 5-17 滚轮传动部件
1—滚轮;2—滚轮衬套;3—滚轮轴;4—导向块;
5—泵体;6—滚轮架;7—锁紧螺母;8—调整螺钉

⑤ 泵体。泵体是喷油泵的基础,A 型泵的泵体由铝合金整体铸成。分泵、油量调节机构和传动机构都装在泵体上。

泵体内有纵向油道构成的低压油腔,油泵输出的柴油经滤清后,由空心螺栓进入此油道,再从柱塞套的进油孔进入各分泵。输油泵通常供给的燃油量是喷油泵需要量的好几倍,当低压油腔的油压大于 0.05 MPa 时,油道的限压阀开启,多余的燃油流回输油泵的入口。油道的限压阀还可起放气作用,当油道中有空气时,可将限压阀螺钉旋出少许,再按动手摇臂,将油道内空气逐步排除。

(2) 转子分配式喷油泵

转子分配式喷油泵(简称分配泵)按其结构不同,可分为径向压缩式和轴向压缩式两种。

径向压缩式分配泵是 20 世纪 50 年代后期研制出来的产品,主要用于农用拖拉机的柴油机,也曾用于前置发动机、前轮驱动的轿车柴油机上。这种形式的分配泵由于部分部件结构复杂,加工不方便,近年来已很少使用。因此,对这类分配泵我们不再讲述。

轴向压缩式分配泵是德国 Bosch 公司在 20 世纪 80 年代初期研制出的一种新型喷油泵,又称单柱塞分配泵(即 VE 泵)。轴向压缩分配泵的分配转子有泵油和配油的双重作用。这种泵零件少、易于加工,质量轻,故障少,因此应用日趋广泛。我国南京汽车工业公司生产的依维柯轻型客车、德国大众的高尔夫柴油轿车的柴油机都采用这种类型的分配泵。

① 轴向压缩式分配泵的结构。如图 5-18(a)所示,轴向压缩分配泵主要有驱动机构、叶片式输油泵、高压泵头、供油提前角自动调节装置、调速器和熄火电磁阀等组成。在叶片式输油泵前面还有一个膜片式输油泵,因此叶片式输油泵又称为第二极输油泵。

- 驱动机构如图 5-18(b)所示,分配泵驱动轴 28 由柴油机曲轴正时齿轮或者正时同步齿形带带动,然后经叶片式输油泵 3,调速器驱动齿轮 4 和联轴器 29 完成动力传输。叶片式输油泵与驱动轴用键连接。
- 高压泵头起着输油、泵油和配油的三重作用。它由凸轮盘 6、分配转子回位机构 8、滚轮机构 5、联轴器 29、分配转子 10、分配套筒 30 等组成。凸轮盘 6 实际上是一个圆柱凸轮,在其左端面均布着与气缸数相同的凸面和凹弧。在回位机构 8 弹簧的作用下,凸轮盘的左端面紧靠在滚轮上。当凸轮盘在驱动轴带动下转动时,其凸面和凹弧依次与滚轮相接触,由此使凸轮盘右端面的分配转子 10 左右移动;当凸面与滚轮相接触时,在滚轮的反作用力推动下,分配转子 10 右移;当凹弧与滚轮相接触时,在分配转子回位机构 8 的弹簧作用下,分配转子 10 左移。
- 供油提前角自动调节装置置于泵体下部,由供油提前角自动调节油缸 7 和滚轮机构 5 联合作用来实现调节功能。供油自动调节机构如图 5-19 所示。

② 轴向压缩式分配泵的工作过程

- 供油过程。如图 5-20 所示,分配转子 1 的右端铣有起进油作用的转子轴向槽 10,轴向进油槽沿圆周相隔 90°均布。分配转子轴中心有一条纵油道,其右端与压缩室 9 相通,纵油道的左端与径向的卸油孔相通,中部开有四个均布的出油分配孔 4,它与出油阀通道 5 相对应。当泵体进油道 15 与转子轴向槽 10 相通时,出油分配孔 4 则与出油阀通道 5 相隔绝。油量控制滑套 2 在调速器起动杠杆 16 的作用下,可在分配转子 1 上滑动。

如图 5-21 所示,分配转子 1 由右向左移动为供油过程。此时,转子的四个出油分配孔 4 相互隔绝,转子卸油孔 3 被油量控制滑套 2 封死,压缩室 9 容积增大,产生真空度。被叶片式输油泵输送到泵腔内的柴油,在真空度作用下经泵体进油道 15,进油阀 11,转子轴向槽 10 进入压缩室 9 并充满转子纵向油道 8。

- 泵油过程。如图 5-21 所示,分配转子由左向右移动为泵油过程。当分配转子开始右移时,转子轴向槽 10 与泵体进油道 15 隔绝,转子卸油孔 3 仍被封死;出油分配孔 4 与泵体至出油阀通道 5 相通。分配转子 1 右移,压缩室 9 的容积就减小,柴油压力就升高。当油压升高超出出油阀弹簧力而使出油阀 7 开启时,柴油就通过出油阀通道 5 和高压油管送至喷油器。与 VE 泵相配的喷油器喷油压力为 11.75~12.75 MPa。
- 停止泵油过程。轴向压缩式分配泵的每循环,最大泵油量取决于分配转子的直径和最大有效行程。对于选定的分配泵,其分配转子直径已定。通常泵油量大小的调节,是由驾驶员通过加速踏板控制调速器,使油量控制滑套 2 移动实现的,如图 5-22 所示。在泵油过程中,当分配转子 1 向右移至转子卸油孔 3 露出油量控制滑套 2 的右端面时,被压缩的柴油迅速流向低压泵腔,即使受压缩的高压燃油立刻卸压,压缩室 9、转子纵向油道 8 及出油阀通道 5 中的油压骤然下降,分配转子的有效行程也就此结束。出油阀 7 在出油阀弹簧 17 的作用下迅速左移关闭,停止泵油过程,此后分配转子再向右行程的终点移动就为剩余行程。

项目五 柴油机燃油供给系统的构造与维修

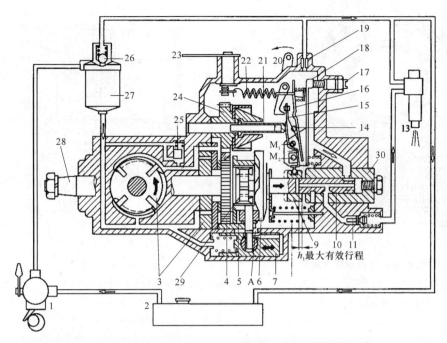

(a) 装有轴向压缩式分配泵的柴油机燃料供给系统

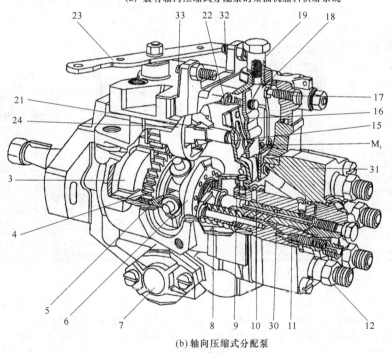

(b) 轴向压缩式分配泵

图 5-18 轴向压缩式分配泵

1—膜片式输油泵；2—燃油箱；3—叶片式输油泵；4—调速器驱动齿轮；5—滚轮机；6—凸轮盘；7—供油提前角自动调节油缸；
8—分配转子回位机构；9—油量控制滑套；10—分配转子；11—出油阀总成；12—出油阀压紧座；13—喷油器；
14—张力杠杆限位销钉；15—起动杠杆；16—张力杠杆；17—最大供油量调节螺钉；18—预调杠杆；19—溢流喉管；
20—停车操纵杆；21—滑动套筒；22—调速弹簧；23—操纵杆；24—离心飞块总成；25—调压阀；26—溢流阀；
27—燃油精滤器；28—分配泵驱动轴；29—联轴器；30—分配套筒；31—高压泵头；32—怠速调节螺钉；
33—高速调节螺钉；M_1—预调杠杆轴；M_2—起动杠杆轴

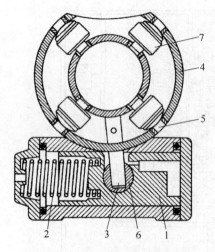

图 5-19 供油提前角自动调节机构
1—活塞；2—弹簧；3—传力销；4—滚轮架；
5—滚轮轴；6—连接销；7—滚轮

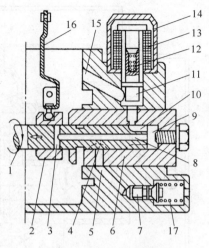

图 5-20 供油过程
1—分配转子；2—油量控制滑套；3—转子卸油孔；4—出油分配孔；
5—泵体至出油阀通道；6—分配套筒；7—出油阀；8—转子纵向油道；
9—压缩室；10—转子轴向槽；11—进油阀；12—进油阀弹簧；
13—线圈；14—电磁阀；15—泵体进油道；
16—调速器起动杠杆；17—出油阀弹簧

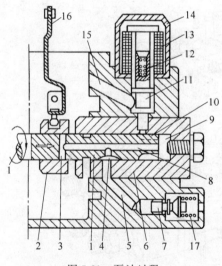

图 5-21 泵油过程
1—分配转子；2—油量控制滑套；3—转子卸油孔；
4—出油分配孔；5—泵体至出油阀通道；6—分配套筒；
7—出油阀；8—转子纵油道；9—压缩室；10—转子轴向槽；
11—进油阀；12—进油阀弹簧；13—线圈；14—电磁阀；
15—泵体进油道；16—起动杠杆；17—出油阀弹簧

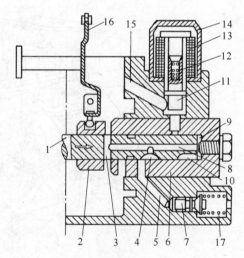

图 5-22 停止泵油过程
1—分配转子；2—油量控制滑套；3—转子卸油孔；
4—出油分配孔；5—泵体至出油阀通道；6—分配套筒；
7—出油阀；8—转子纵油道；9—压缩室；10—转子轴向槽；
11—进油阀；12—进油阀弹簧；13—线圈；14—电磁阀；
15—泵体进油道；16—起动杠杆；17—出油阀弹簧

- 泵油提前角自动调节过程。发动机在常用转速下工作时，叶片式输油泵将低压柴油输送到泵腔内，经孔道 A 进入油缸 7 右腔，如图 5-18 所示。油缸活塞受到低压柴油向左的推力与向右的油缸左腔弹簧力平衡。当发动机转速升高时，叶片式输油泵转速随之增加,泵腔内柴油压力上升,油缸中活塞右端受力大于左端,活塞左移,如图 5-19 所示。经连接销 6、传力销 3 推动滚轮架 4 绕其轴线顺时针转动某一角度,使凸轮盘端面凸面提前与滚轮 7 相接触,从而使分配转子向右移动的时刻提前,起到泵油提前的作用。反之,活塞右移,使滚轮架 4 逆时针转动某一角度,则泵油提前角减小。

- 发动机停车,如图 5-23 所示,若要发动机停止运行,可转动控制电磁阀 14 的旋钮,使电路断电,线圈 13 对进油阀 11 的吸力立即消失,在进油阀弹簧 12 的作用下,进油阀下移,关闭泵体进油道 15,使供油停止,发动机熄火。若要起动发动机,可转动控制电磁阀 14 通电,进油阀 11 在线圈 13 的吸力下克服弹簧力上移,使泵体进油道 15 畅通,供油开始。

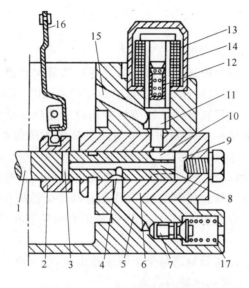

图 5-23 发动机停车

1—分配转子;2—油量控制滑套;3—转子卸油孔;4—出油分配孔;5—泵体至出油阀通道;6—分配套筒;7—出油阀;8—转子纵油道;9—压缩室;10—转子轴向槽;11—进油阀;12—进油阀弹簧;13—线圈;14—电磁阀;15—泵体进油道;16—起动杠杆;17—出油阀弹簧

在轴向压缩式喷油泵泵体的上部装有增压补偿器,其作用是根据增压压力的大小,自动加大或减少各缸的供油量,以提高发动机的功率和燃料经济性,并减少有害气体的产生。

任务 4　调整器的构造与工作原理

一、调速器的作用

调速器的作用是根据柴油机负荷的变化,自动调节喷油泵的供油量,使柴油机能以较稳定的转速运转,在高速时不会超过额定最高转速,在怠速时不会熄火。

汽车柴油机在工况多变的条件下运行,若无调速器,其运行是无法稳定的。例如,汽车柴油机在怠速工况下工作,将油量调节拉杆保持在最小油量位置不变,当其内部阻力稍有增大而使柴油机转速略有下降时,喷油泵的供油量会自动减少,由此引起柴油机转速的进一步降低,柴油机转速的进一步降低又会引起喷油泵供油量的再次减少,如此循环最后将导致柴油机熄火。又如,满载的汽车从上桥刚过渡到下桥行驶时,柴油机突然卸荷,而油量调节拉杆还来不及摆脱最大供油量的位置,这时柴油机转速将猛然升高,转速的升高会引起喷油泵的供油量的增加,喷油泵的供油量的增加又将使柴油机转速进一步地升高,如此循环,将导致柴油 机运转超过额定最高转速而出"飞车"现象,所谓"飞车"现象就是柴油机转速失去控制、超过额定最高转速而疾转不止。"飞车"造成的后果,轻者会引起排气管冒黑烟和发动机过热,重者将引起发动机零、部件的破坏。若有调速器的自动调节,上述现象就不可能出现,因此,调速器对稳定柴油机的运行是不可缺少的。

二、调速器的种类

1. 按调节作用的范围分类

调速器按调节作用的范围不同,可分为三类:

- 两速调速器。其又称两极式调速器。两速调速器只对怠速及高速时的喷油量起控制作用,在低于额定最高转速和高于怠速的运行范围内,两速调速器不起作用,而是通过驾驶员用脚踩油门直接操纵调节齿杆来改变循环供油量以适应转速和负荷变化的需要。在一般条件下行驶的汽车柴油机都采用两速调速器,其作用是稳定怠速、防止超速。
- 全速调速器。其又称全程式调速器。全速调速器对从怠速到最高限制转速范围内任何转速下的喷油量都起控制作用;其作用是维持柴油机在任一给定转速下稳定运转。全速调速器通常用于矿山、林区等行驶阻力频繁变化的中、大型载重汽车的柴油机上。
- 综合调速器。综合调速器构造与全速调速器相似,综合调速器一般只控制最低与最高转速,但也兼备全速调速器的功能。

2. 按感知和调节转速装置分类

调速器按感知和调节转速装置不同,也可分为三类:

- 气动式调速器;
- 机械离心式调速器;
- 复合调速器。

机械离心式调速器比其他两种调速器结构稍复杂一些,但工作可靠,性能良好,故在各种柴油机上得到广泛应用。因此在本节中只介绍机械离心式调速器。

机械离心式调速器是利用喷油泵凸轮轴的旋转,使装在该凸轮轴上的飞块产生离心力并实现调速作用的调速器。

三、调速器的构造及工作原理

1. 两速调速器

(1) 两速调速器结构

图 5-24 为解放 CA1091K3 型载货汽车柴油所用的 RAD 型两速调速器的结构,其示意图如图 5-25 所示。

项目五 柴油机燃油供给系统的构造与维修

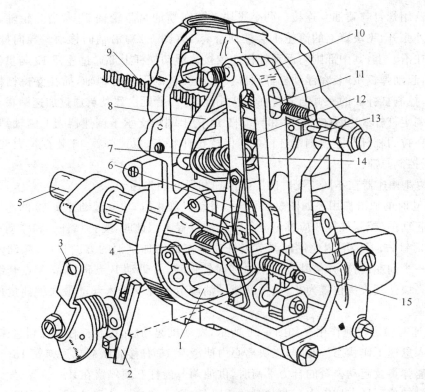

图 5-24 RAD 型两速调速器

1—飞块;2—支持杠杆;3—控制杠杆;4—滚轮;5—凸轮轴;6—浮动杠杆;7—调速弹簧;8—速度调定杠杆;
9—供油调节齿杆;10—拉力杠杆;11—速度调整螺栓;12—起动弹簧;13—连杆;14—导动杠杆;15—急速弹簧

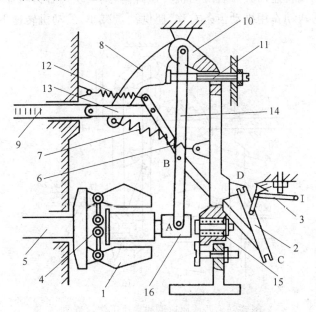

图 5-25 RAD 型两速调速器结构示意图

1—飞块;2—支持杠杆;3—控制杠杆;4—滚轮;5—凸轮轴;6—浮动杠杆;7—调速弹簧;
8—速度调定杠杆;9—供油调节齿杆;10—拉力杠杆;11—速度调整螺栓;
12—起动弹簧;13—连杆;14—导动杠杆;15—急速弹簧;16—滑套

调速器用螺钉与喷油泵连接。两个飞块1装在喷油泵凸轮轴5上,当凸轮轴高速旋转时飞块向外张开,飞块臂上的滚轮4会推动滑套16(图5-25)沿轴向移动。导向杠杆14的下端紧靠在滑套上,其中部则与浮动杠杆6铰接。浮动杠杆上部通过连杆13与供油调节齿杆9相连,起动弹簧12装在浮动杠杆顶部。浮动杠杆的下端有销轴,插在支持杠杆2下端的凹槽内,控制杠杆3的一臂与支持杠杆2相连,另二臂则由驾驶员通过加速踏板与杆系操纵。速度调定杠杆8、拉力杠杆10和导动杠14的上端均支承于调速器壳上的轴销上,调速弹簧7装在拉力杠杆与速度调定杠杆之间保持拉伸状态,怠速弹簧15装在拉力杠杆10的下部,用于控制怠速。

(2) 两速调速器在不同工况时的工作原理和所起的作用

① 起动时的加浓作用。如图5-25所示,发动机静止时,块受起动弹簧12的作用处于收拢位置。起动前,控制杠杆3应推至全负荷供油位置Ⅰ。此时,支持杠杆2和浮动杠杆6都绕B点逆时针方向转动,因此供油调节齿杆9向左的增加供油的方向移动,起动弹簧对浮动杠杆有一个向左的拉力,使其绕C点做逆时针偏转,并带动B点销轴和A点套筒筒向左移动直到飞块达到收拢位置为止,这样就使供油调节齿杆9进入起动最大供油量位置即起动加浓位置。

② 怠速时稳定转速作用。如图5-26所示,发动机起动后,控制杠杆3拉到怠速位置Ⅱ,发动机进入怠速工作状态。此时,飞块离心力使滑套16右移而压缩怠速弹簧15,当飞块离心力与怠速弹簧及起动弹簧的合力平衡时,供油调节齿杆9便停留在某一位置,发动机也相应地在某一转速下稳定地工作。若此时转速降低,则飞块离心力随之减小,滑套16便在怠速弹簧和起动弹簧作用下左移,通过导动杠杆14和浮动杠杆6的联动作用,推动齿条左移,增加供油量,使发动机转速回升。若发动机转速升高,则飞块离心力增加,滑套右移,通过导动杠杆、浮动杠杆的联动作用推动齿条右移,使供油量减小,发动机转速下降。

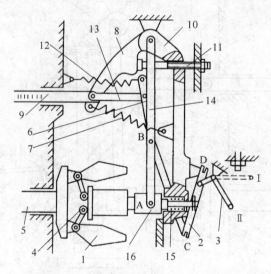

图5-26 两速调速器的怠速工作示意图

1—飞块;2—支持杠杆;3—控制杠杆;4—滚轮;5—凸轮轴;6—浮动杠杆;7—调速弹簧;8—速度调定杠杆;9—供油调节齿杆;10—拉力杠杆;11—速度调整螺栓;12—起动弹簧;13—连杆;14—导动杠杆;15—怠速弹簧;16—滑套

改变怠速弹簧的预紧力可调节怠速转速。

③ 正常工作状态时不起调节作用。如图 5-27 所示,当发动机转速超过怠速转速进入正常工作状态时,怠速弹簧被压入拉力杠杆 10 内,滑套 16 直接与拉力杠杆接触。由于拉力杠杆被很强的调速弹簧 7 拉住,飞块的离心力不能推动拉力杠杆。只有在改变控制杠杆 3 的位置时才可使供油调节齿杆 9 向左或向右移动,从而增加或减少供油量。因此,正常工作转速范围内调速器不起作用,供油量的调节是由驾驶员控制的。

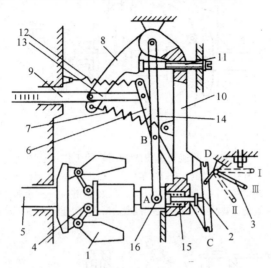

图 5-27 两速调速器在正常工作转速范围内的工作示意图

1—飞块;2—支持杠杆;3—控制杠杆;4—滚轮;5—凸轮轴;6—浮动杠杆;7—调速弹簧;
8—速度调定杠杆;9—供油调节齿杆;10—拉力杠杆;11—速度调整螺栓;
12—起动弹簧;13—连杆;14—导动杠杆;15—怠速弹簧;16—滑套

若将控制杠杆由怠速位置Ⅱ推到部分负荷位置Ⅲ,则支持杠杆 2 绕 D 点转动,同时浮动杠杆 6 绕 B 点逆时针转动,使供油调节齿杆 9 左移,从而增加供油量。

④ 转速猛增时起限制超过额定转速的作用。如图 5-28 所示,无论柴油机在何种负荷状态下工作,只要外界负荷变化引起柴油机转速超过额定的高转速时,飞块产生离心力就能克服调速弹簧 7 的拉力,推动滑套 16 和拉力杠杆 10 右移,通过导动杠杆、浮动杠杆的联动作用,使供油调节齿杆 9 向右移动,供油量减少,从而保证了发动机转速不会超过额定最高转速。

⑤ 利用调整螺栓 11 改变调速弹簧 7 的预紧力。即可调节发动机的额定最高转速,如图 5-24 所示。

2. 全速调速器

(1) 全速调速器结构

通俗地说,全速调速器不但能控制两头(转速),而且能够控制中间(转速),即既能稳定怠速和限制超速,又能控制柴油机在正常工作状态时的转速稳定。

像两速调速器一样,全速调速器也是机械离心式调速器应用为多。轴向压缩式分配泵(VE 泵)的调速器就是机械离心式调速器,如图 5-29 所示。它主要由预调杠杆 12、张力杠杆 3、起动杠杆 1、调速弹簧 8、起动弹簧片 2 以及离心飞块 7 和油量控制滑套 4 等组成。

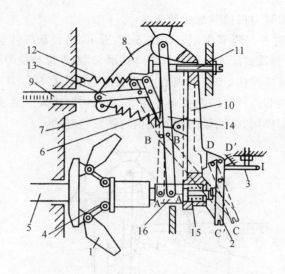

图 5-28 两速调速器限制超速的工作示意图

1—飞块；2—支持杠杆；3—控制杠杆；4—滚轮；5—凸轮轴；6—浮动杠杆；7—调速弹簧；
8—速度调定杠杆；9—供油调节齿杆；10—拉力杠杆；11—速度调整螺栓；
12—起动弹簧；13—连杆；14—导动杠杆；15—急速弹簧；16—滑套

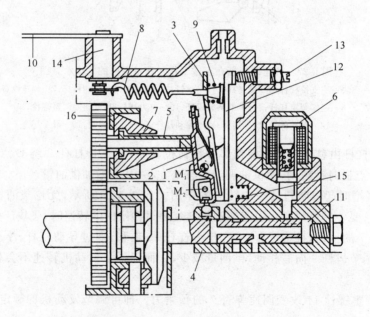

图 5-29 轴向压缩式分配泵（VE 泵）调速器结构示意图（起动工况）

1—起动杠杆；2—起动弹簧片；3—张力杠杆；4—油量控制滑套；5—推力滑套；6—电磁阀；7—离心飞块；
8—调速弹簧；9—急速弹簧；10—操纵杆；11—压缩腔；12—预调杠杆；13—最大供油量调节螺钉；
14—操纵轴；15—回位弹簧；16—离心飞块罩；
M_1—预调杠杆支撑轴销；M_2—起动杠杆支撑轴销

预调杠杆 12 可绕泵体上支撑轴销 M_1 转动，起动杠杆支撑轴销 M_2 安装在预调杠杆上，起动杠杆 1 和张力杠杆 3 均可绕其转动。起动杠杆下端的球形销嵌入油量控制滑套 4 凹槽。当起动杠杆摆动时，球形销拨动油量控制滑套4在分配转子做轴向移动，从而改变泵油量的大小。

在调速弹簧8的拉力作用下，张力杠杆绕轴逆时针转动，推动油量控制滑套向右移动，使泵油量增大。反之，在离心飞块7和推力滑套的作用下，通过起动杠杆1和起动弹簧片2，使张力杠杆3绕M_2轴顺时针摆动，使油量控制滑套向左移动，使泵油量减小。

最大供油量的调节是由调节螺钉13、预调杠杆12和回位弹簧15来完成的。调节时，旋进调节螺钉13，预调杠杆12绕M_1轴逆时针方向转动，在起动杠杆1和张力杠杆3位置不变的情况下，M_2轴绕M_1轴逆时针方向转动，推动油量控制滑套4右移，使有效行程加大，泵油量增大，直到满足最大供油量为止。回位弹簧15的作用是使预调杠杆12的上端始终与最大供油量调节螺钉13相接触，确保最大供油量位置的稳定。

（2）全速调整器在不同工况时的工作原理和所起的作用

① 起动时的加浓作用。如图5-29所示，起动前，操纵杆10应推至全负荷供油量位置。在调速弹簧8和起动弹簧片2的作用下，张力杠杆3推动起动杠杆1绕M_2轴逆时针方向转动，使油量控制滑套4向右移动至极限位置，即起动加浓位置。同时，由于发动机处于静止状态，起动杠杆1在起动弹簧片2的作用下，推动推力滑套5向左移至极限位置，使离心飞块处于向凸轮轴收拢的极限位置。

② 怠速时稳定转速作用。如图5-30所示，发动机起动后，操纵杆10推至怠速位置，发动机进入怠速工况。此时，离心飞块7推动推力滑套5右移，使起动杠杆1绕起动杠杆支撑轴销M_2轴顺时针转动，起动弹簧片2被压缩后，起动杠杆1使张力杠杆绕M_2顺时针转动，怠速弹簧9被压缩。当推力滑套5向右的推力与起动弹簧片2、怠速弹簧9所形成的向左的弹力相平衡时，油量控制滑套4便稳定在某一位置，发动机就在相应的某一怠速转速下稳定地工作。若此时怠速转速因某种原因降低，则离心飞块7的离心力随之减小，平衡状态被

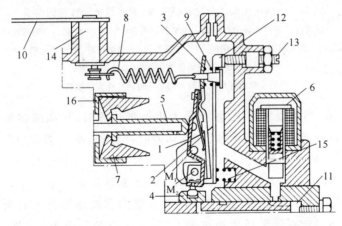

图5-30 轴向压缩式分配泵(VE泵)调速器怠速稳定工况

1—起动杠杆；2—起动弹簧片；3—张力杠杆；4—油量控制滑套；5—推力滑套；6—电磁阀；7—离心飞块；
8—调速弹簧；9—怠速弹簧；10—操纵杆；11—压缩腔；12—预调杠杆；13—最大供油量调节螺钉；
14—操纵轴；15—回位弹簧；16—离心飞块罩；
M_1—预调杠杆支撑轴销；M_2—起动杠杆支撑轴销

破坏,推力滑套 5 在起动弹簧片和怠速弹簧的作用下左移,使油量控制滑套 4 右移,供油量增大,发动机转速回升。反之,若发动机转速升高,则飞块离心力加大,推力滑套 5 右移,推动起动杠杆 1 和张力杠杆 3 顺时针转动,油量控制滑套 4 被推动左移,使供油量减小,发动机转速下降。

③ 中间转速和最高转速时的供油量调节作用。如图 5-31 所示,当把操纵杆 10 由怠速位置向加大供油量方向推动时,操纵轴 14 下端的偏心销由右向左摆动,调速弹簧 8 被拉伸,怠速弹簧 9 被压缩,拉动张力杠杆 3 和起动杠杆 1 逆时针转动,推动油量控制滑套 4 右移,供油量加大,从而将柴油机从怠速送入中间转速状态。转速升高,使飞块产生离心力而向外张开,推动推力滑套 5 右移。当调速弹簧 8 作用在张力杠杆 3 和起动杠杆 1 上的向左拉力与推力滑套 5 的向右推力相平衡时,油量控制滑套 4 便稳定于一定位置,使供油量保持一定,发动机的转速便稳定于某一转速。

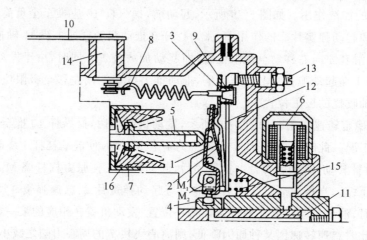

图 5-31 轴向压缩式分配泵(VE 泵)调速器中间转速的调节

1—起动杠杆;2—起动弹簧片;3—张力杠杆;4—油量控制滑套;5—推力滑套;6—电磁阀;7—离心飞块;
8—调速弹簧;9—怠速弹簧;10—操纵杆;11—压缩腔;12—预调杠杆;13—最大供油量调节螺钉;
14—操纵轴;15—回位弹簧;16—离心飞块罩;
M_1—预调杠杆支撑轴销;M_2—起动杠杆支撑轴销

如图 5-32 所示,当把操纵杆 10 推至最大供油量位置时,在调速弹簧的拉力下,张力杠杆 3 和起动杠杆绕起动杠杆支承轴销 M_2 轴逆时针转动,推动油量控制滑套 4 右移,供油量加大,使发动机转速升高。此时,在离心飞块张开度进一步加大,推动推力滑套 5 右移,并推动起动杠杆 1 和张力杠杆 3 顺时针转动,使油量控制滑套左移,供油量减小。上述两个方向的作用一直持续到推力滑套 5 的向右推力和调速弹簧 8 的向左拉力平衡时,油量控制滑套 4 便稳定在满负荷供油位置上,其最大有效行程为 h。当发动机因外界负荷变化而引起转速超过规定的最大转速时,离心飞块 7 便向外张开并抵靠到离心飞块罩 16 的内圆表面上,同时,推动推力滑套 5 右移,使供油量减小,从而使发动机的最高转速不超过规定的数值。

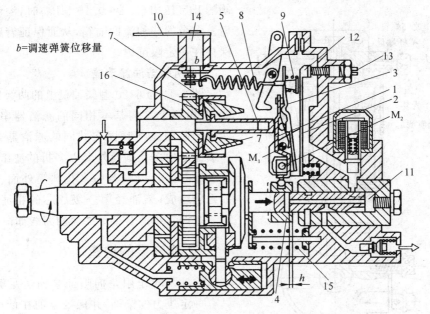

图 5-32 轴向压缩式分配泵（VE泵）调速器对最高转速的调节
1—起动杠杆；2—起动弹簧片；3—张力杠杆；4—油量控制滑套；5—推力滑套；6—电磁阀；7—离心飞块；
8—调速弹簧；9—怠速弹簧；10—操纵杆；11—压缩腔；12—预调杠杆；13—最大供油量调节螺钉；
14—操纵轴；15—回位弹簧；16—离心飞块罩；
M_1—预调杠杆支撑轴销；M_2—起动杠杆支撑轴销

任务 5　柴油滤清器和输油泵的构造与维修

一、柴油滤清器

1. 柴油滤清器的作用

柴油滤清器的作用是滤去柴油中的机械杂质和水分。柴油在运输和储存的过程中，不可避免地会混入一些灰尘和水分，灰尘中的硬质颗粒杂质，对供油系统三大精密偶件的危害很大，会加快精密偶件的磨损、引起运动阻滞甚至卡死；柴油中的水分会引起零件锈蚀。因此，对柴油的滤清要比对汽油的滤清要求高一些。

为了保证喷油泵和喷油器工作可靠性并延长其使用寿命，在柴油机供油系统中，都必须设置柴油滤清器，以滤去柴油中的机械杂质和水分。常用的柴油滤清器有单级和双级之分，有的柴油机中设有粗、细两级串联的滤清器，有的只用单级滤清器。此外，为了取得更好的滤清效果，还可在柴油供给系中设置一些其他辅助滤清器装置。

2. 单级微孔纸芯滤清器

目前应用较为广泛的是单级微孔纸芯滤清器，其结构如图 5-33 所示。由微孔滤纸制成的滤芯装在滤清器盖与底部的弹簧座之间，并用橡胶圈密封。

输油泵泵出的柴油，经进油管接头进入壳体，再透过滤芯而进入滤芯内腔，最后经出油管接头输出给喷油泵。在此过程中，柴油中的机械杂质和尘土被滤去，当管路油压超过溢流阀的开启压力(0.1~0.15 MPa)时,溢流阀便开启。多余的柴油流回油箱,从而保证管路内油压保持在一定限度内。

3. 两级柴油滤清器

图 5-34 为 6120 型柴油机上的两级柴油滤清器,它由两个结构基本相同的滤清器串联而成。两个滤芯用螺杆紧固在共同的滤清器盖上。第一级滤芯由多孔圆筒外套以多折的滤纸组成,第二级滤芯由包以绸布的多孔圆筒外面再套以滤油毛毡组成;柴油经第一级滤芯的粗滤后,再经第二级滤芯细滤。柴油的流动路线如箭头所示。

二、输油泵的构造

输油泵的作用是向喷油泵输送足够数量和具有一定压力的柴油,并保证柴油在低压油路内的循环,输油泵输油量应为全负荷最大喷油量的 3~4 倍,输油泵种类较多,有活塞式、膜片式、齿轮式和叶片式等,其中活塞式输油泵工作可靠,应用较为广泛。

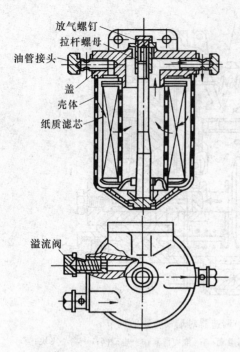

图 5-33 单级微孔纸芯滤清器

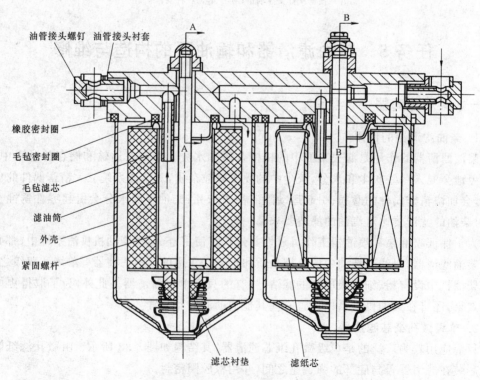

图 5-34 6120 型柴油机上两级柴油滤清器

活塞式输油泵结构如图 5-35 所示,主要由泵体、机械油泵总成、手油泵总成、止回阀和油道等组成。

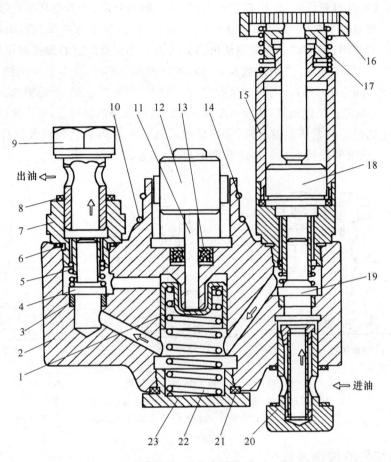

图 5-35 活塞式输油泵

1—输油泵活塞;2—输油泵体;3—压套;4—出油止回阀;5—止回阀弹簧;6—密封垫片;7—出油管接头;
8—垫片;9—空心螺栓;10—O 形密封圈;11—顶杆;12—滚轮部件;13—橡胶密封环;14—卡环;
15—手油泵体;16—手柄;17—弹簧;18—手油泵活塞;19—进油止回阀;20—空心螺栓;
21—密封垫片;22—弹簧;23—螺塞

纸质滤芯具有流量大、阻力小、滤清效果好、使用寿命长、抗水能力强等优良性能,还具有质量小、体积小、成本低和无须清洗保养等特点,故近年来采用者日益增多。

机械油泵总成由滚轮部件 12(包括滚、轮、滚轮轴和滚轮架)、顶杆 11、输油泵活塞 1 和弹簧 22 等组成,活塞将机械油泵内腔分成上、下两个泵腔。滚轮部件在工作中的往复运动,由喷油泵凸轮轴上的偏心轮来驱动。

如图 5-35 所示,手油泵是由泵体 2、活塞 1、手柄 16 和弹簧 17 等组成。当柴油机长时间停机后欲再起动时,应先将柴油滤清器和喷油泵的放气螺钉拧开,再将手油泵的手柄旋开,往复抽按手油泵的活塞。活塞上行时,将柴油经过进油止回阀吸入手油泵泵腔;活塞下行时,进油止回阀关闭,柴油从手油泵泵腔经机械油泵下腔和出油止回阀流入并充满柴油滤清器和喷油泵低压腔,并将其中的空气驱除干净,随后拧紧放气螺钉,旋紧手油泵手柄,再起动发动机。

其工作原理如图 5-36 所示。喷油泵凸轮轴转动时,轴上的偏心轮 8 推动滚轮 7、滚轮架 8、顶杆 3 和活塞 1 向下运动,如图 5-3(a)所示。当偏心轮的凸起部转到上方。活塞被弹簧推动上移时,其下方容积增大,产生真空度,使进油止回阀开启,柴油便从空心螺栓的进油孔经油道被吸入活塞的下泵腔,如图 5-35 所示。与此同时,活塞上方的泵腔容积减小,油压增高。出油止回阀关闭,上泵腔中的柴油从出油管接头上的孔道经空心螺栓被压出,流往柴油滤清器。如图 5-36(b)所示,当活塞被偏心轮和顶杆推动下移时,下泵腔中的油压升高,进油止回阀关闭,出油止回阀开启。同时上泵腔中容积增大,产生真空度,于是柴油自下泵腔经出油回止阀流入上泵腔。如此重复,柴油便源源不断地被送入柴油滤清器,最后被送入喷油泵。

机械油泵的活塞与泵体内腔套筒、手油泵的活塞与泵体内腔套筒以及顶杆与配合孔等偶件,都是经过选配和研磨而达到高度精密配合的,故无互换性。

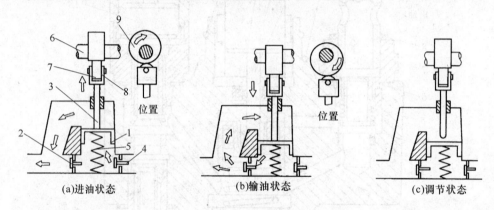

图 5-36 输油泵的工作原理
1—输油泵活塞;2—出油止回阀;3—顶杆;4—进油止回阀;5—弹簧;
6—喷油泵凸轮轴;7—滚轮;8—滚轮架;9—偏心轮

三、输油泵的检修与调试

1. 输油泵的检修

活塞式输油泵由于在使用中零、部件的磨损、疲劳和阻塞,会出现供油不足、供油压力、低或不供油、漏气、漏油以及活塞卡死等故障。发生故障应找出原因,及时排除。

(1) 输油泵机械泵供油不足、供油压力低或不泵油,其主要原因是:
- 活塞与泵体内腔套筒磨损后间隙增大;
- 回位弹簧的弹力减弱而影响泵油压力;
- 进、回油阀及阀座的磨损阀片歪斜与有结污等造成泄漏;
- 油管接头漏油;
- 偏心轮的磨损使泵油行程缩短,而影响了输油量。

当输油泵机械泵内腔套筒磨损后,其圆度及圆柱度大于 0.02 mm,或者与活塞的配合间隙大于 0.06 mm 时,应予修复。修复时,同样可采取铰销后手工研磨内腔套,并选配加大的活塞。

单向阀及阀座的磨损,应采用专用工具铰销,并需要研磨阀座和接合平面;若换用新阀片,应与阀座一起研磨后方可使用。装复前清洗干净,对号入座,放正位置,并用吹气和吸气的方法,检验单向阀及与阀座配合后的密封性。

机械泵活塞回位弹簧的弹力减弱,应换用同规格的新弹簧。

油管接头漏油。其主要是由低压管接头螺纹损坏、滑牙和接头平面及其垫圈磨损、变形所引起的。检修方法一般是清理螺纹,或重新配螺母,或调换接头和垫圈。

驱动轮上的偏心圆磨损后,应采取偏距重磨,以恢复原有的偏心距,使泵油量保持正常。

(2) 手泵组件漏气漏油

其主要是由于手动泵活塞与内腔套筒磨损后间隙变大、密封胶垫没垫平或损害或变形所引起的。

手泵活塞及内腔套筒的圆度和圆柱度误差应小于 0.01 mm,表面粗糙度 Ra 应小于 16 μm,两者的配合间隙应为 0.005～0.025 mm。最大使用极限为 0.05 mm 若超过使用极限,应予以更换修复。

修复时,可采取铰销后手工研磨内腔套筒,并选配加大的活塞。

2. 输油泵的检验

输油泵检验的主要内容是输油压力和输油量。对于不同的车型,其后输油泵的输油压力和输油量的要求是不同的。对大多数的车用柴油机来说,一般要求输油压力为 49～196 kPa。

输油泵的检验可分为车上检验和检验台检验两种。

(1) 车上检验

将输油泵装于发动机上,并在输油泵与柴油滤清器之间串联一个油压表。起动发动机到正常转速时,观察油压表上的压力变化情况,并与标准值相比较,若油压过高或油压过低,都应及时查明原因并排除故障。

(2) 检验台上检验

输油泵的检验台检验项目有以下三个:

- 密封性检验:旋紧手泵手柄,堵住出油口,把压缩空气管与进油口相连;将输油泵浸入清洁的煤油或柴油中,再通入压力为 147～196 kPa 的压缩空气,然后检查泵体与顶杆之间的缝隙漏气情况,将量筒倒置浸入油液冒气泡的上方收集漏出的气体,在 1 min 内收集到的气体少于 50 mL 为合格。
- 吸油能力检验:用直径为 8 mm,长度为 2 m 的软管,从 1 m 以下的油箱内吸油,用手泵按动 30 次内,输油泵出油口处出油为合格;若用喷油泵驱动,应在 150 转内出油为合格。
- 输油压力和输油量检验:将输油泵连同喷油泵一起装在检验台上,进油管与检验台油箱相连,出油口与检验台的低压表和流量表串联,用电动机驱动喷油泵旋转,观察怠速时和额定最高转速时的出油压力和流量,并与标准值相比较。

任务 6 喷油提前角调节装置和供油正时的调整

一、喷油提前角的调节装置

1. 喷油提前角的重要性

喷油提前角的大小对柴油机运行状况影响很大,喷油提前角过大时,将导致备燃期较长,而引起发动机工作粗暴。而喷油提前角过小时,将导致燃烧过程延后过多,最高压力值下降,从而使柴油机热效率明显下降。因此若要保证柴油机有良好的性能,必须选定最佳喷油提前角。

2. 最佳喷油提前角

最佳喷油提前角是指在转速和供油量一定的条件下,能获得最大功率和最小燃油消耗率的喷油提前角。柴油机的最佳喷油提前角是变化的,它随供油量和曲轴转速变化而变化,最佳喷油提前角随柴油机转速升高而增大。此外,柴油机的结构对最佳喷油提前角也有一定的影响,例如,采用不同形式的燃烧室,其最佳喷油提前角大小就不同;一般采用直接喷射燃烧室的柴油机最佳喷油提前角就比采用分隔式燃烧室要大些,例如,在有些车用柴油机中,在常用的供油量和转速范围内,采用直接喷射燃烧室的柴油机最佳喷油提前角为28°～35°;采用分隔式燃烧室的柴油机最佳喷油提前角为15°～20°。

3. 机械离心式供油提前角自动调节器

喷油提前角实际上是由喷油泵供油提前角保证的,而调节整个喷油泵供油提前角的方法是改变发动机曲轴与喷油泵凸轮轴的相对角位置。

目前车用柴油机使用较为广泛的是机械离心式供油提前角自动调节器,它可以根据柴油机转速的变化而自动改变喷油提前角。

如图5-37所示为用在CA6110-2型柴油机上的,安装在联轴节和A型喷油泵之间的供油提前角自动调节器。该调节器的驱动盘9的前端面上有两个螺孔C,在此可以通过螺栓与联轴节相连。在前端面上有两个销钉3,两个飞块4的一端的圆孔就套在此销钉上。飞块的另一端各压装一个销钉7,每个销钉上各松套着一个滚轮5和内座圈6。从动盘8用半圆键与喷油泵凸轮轴相连接。从动盘的弧形侧面E与滚轮5接触,其平侧面F压在两个弹簧1上。弹簧1的另一端松套在主动盘销钉3上面的弹簧座2上。从动盘8外圆与驱动盘9的内圆配合,以保证两者的同心度。调节器内腔密闭,充有用以润滑的机油。

发动机工作时,驱动盘9和飞块4受发动机曲轴的驱动按图示方向旋转,两个飞块的活动端向外张开,通过滚轮5迫使从动盘8沿箭头所示方向相对驱动盘9超前转过一个角度α,直到弹簧1的压缩弹力与飞块离心力相平衡时为止,于是驱动盘9与从动盘8同步旋转,如图5-37(b)所示。当转速升高时,飞块活动端便进一步向外张开,飞块上的滚轮5推动从动盘8相对驱动盘9沿箭头所示方向再超前转动一个角度,直到弹簧1的压缩弹力和飞块新的离心力平衡为止。这样,供油提前角便相应地增大;反之,当发动机转速降低时,供油提前角相应减小。

上述这种供油提前角自动调节器的初始供油提前角约为16°,在此基础上,再随曲轴转速变化而自动调节,当曲轴转速为500～1 650 r/min时,其调节范围为0°～6°。

4. 联轴节调整供油提前角

在汽车行驶一定里程后或在将喷油泵拆卸后重新安装时,必须检查并调整供油提前角。此时连接喷油泵凸轮轴和齿轮轴的联轴节可起调整供油提前角的作用。

CA6110-2型柴油机的联轴节结构如图5-38所示。

主动凸缘盘用锁紧螺栓固定在驱动轴上。螺钉把主动凸缘盘、主动传力钢片、十字形中间凸缘盘及从动传力钢片连接在一起,再用螺钉使从动传力钢片与供油提前角自动调节器相连接。如此,驱动轴的动力通过上述各零件即可传递到供油提前角自动调节器上。旋松螺钉可使主动凸缘盘相对主动传力钢片和十字形中间凸缘盘沿弧线形孔转过一个角度,就

项目五 柴油机燃油供给系统的构造与维修

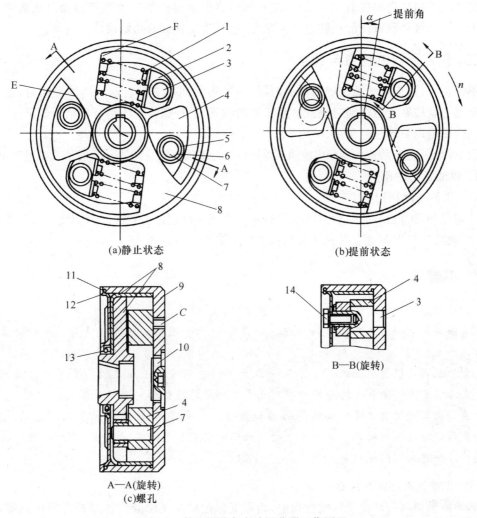

图 5-37 供油提前角自动调节器工作原理
1—弹簧;2—弹簧座;3—主动盘销钉;4—飞块;5—滚轮;6—滚轮内座圈;7—飞块销钉;8—筒状从动盘;
9—驱动盘;10—螺塞;11—壳体密封圈;12—调节器盖;13—油封弹簧;14—螺钉

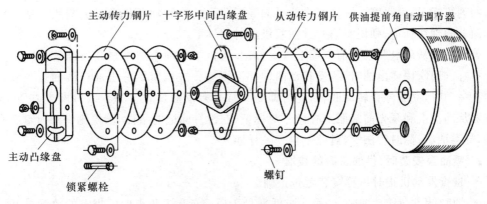

图 5-38 喷油泵的联轴节

可改变各缸的初始供油提前角。同样，旋松螺钉将供油提前角自动调节器相对从动传力钢片和十字形凸缘盘沿弧线形孔转过一个角度，也可改变各缸的初始供油提前角。

二、供油正时的检查与调整

供油正时，是指喷油泵正确的供油时间，一般用供油提前角表示。供油提前角，是指从喷油泵第一缸柱塞开始供油时该缸活塞所处的位置，上行到该缸压缩行程结束的上止点，这段时间内曲轴所要转过的角度。

汽车行驶一定里程或在维修中喷油泵检修后经过调试重新安装时，必须检查供油是否正时。

1. 供油正时的检查

（1）供油正时标记

检查供油是否正时的一般方法是先察看供油正时标记是否对准。为了便于调整供油提前角，一般柴油机汽车通常在发动机和喷油泵上都刻有正时标记。

 小锦囊

> 正时标记的铭刻通常可能有以下三种情况：
>
> 喷油泵的第一分泵开始供油标记。它通常刻于喷油泵联轴器从动盘上和喷油泵泵壳前端面上。
>
> 发动机供油提前角标记。它是第一缸活塞到达压缩上止点前供油提前角位置的标记。它通常刻于飞轮和飞轮壳的检视孔上或曲轴带轮轮毂和发动机前盖上。
>
> 喷油泵与发动机之间传动齿轮的啮合标记。其中有：传动齿轮配气正时标记，喷油泵与驱动部分的连接标记。不同车型的供油正时标记位置及符号也不尽相同，应按该车型的维修手册或出厂说明书来识别。

（2）供油正时的随车检查

转动曲轴使第一缸处于压缩行程中，当固定标记对准飞轮或曲轴带轮上的供油提前角标记时，停止转动曲轴。

查看喷油泵联轴器从动盘上的刻线标记是否与泵壳前端面上的刻线标记对准，如果两刻线对准了，则说明喷油泵柱塞供油时刻正确。如果联轴器与从动盘刻线还未达到泵壳前端面的刻线标记，说明第一缸柱塞供油时刻晚了；反之，若联轴器从动盘上刻线标记已越过前端面上的刻线标记，则说明第一缸柱塞供油时刻早了。

若联轴器从动盘和泵壳前端面上没有标记，可拆下喷油泵第一缸高压油管，转动曲轴，当第一缸出油阀快要出油时，缓慢转动曲轴并注视第一缸压紧螺母出油口液面。当液面刚刚向上一动时，立刻停止转动曲轴，此时即为一缸开始供油位置。为了以后检查方便，应在联轴器从动盘上和泵壳前端面上补做一对标记（在没有标记的条件下，检测供油时刻有多种方法，如溢油法、测时管法等，对此不再一一详述）。

2. 喷油泵安装时，供油正时的校准

- 检查发动机正时齿轮安装是否正确。
- 顺时针方向转动曲轴，使第一缸活塞处于压缩行程上止点前所规定的喷油泵开始供油的位置，即固定标记对准飞轮或曲轴带轮上的供油提前角标记。

- 转动喷油泵凸轮轴,使喷油泵联轴器从动盘刻线标记与泵壳前端面上的刻线标记对准。
- 向前推入喷油泵,使从动凸缘盘的凸块插入联轴节,并与之结合,在固定主动凸缘盘和十字形中间凸缘盘的两个螺钉时,使两凸缘盘的"°"标记对正,即可保证发动机的供油提前角符合要求。

3. 供油正时的调整

在供油正时检查时,若实际供油提前角达不到标准,可通过对微调部位作适当调整来达到。由于不同车型的柴油机结构不尽相同,其驱动连接的方式也有所不同,因此调整部位与调整方法也有多种,以下两种调整方法是比较普遍采用的。

(1) 改变联轴节相对位置调整供油提前角

以联轴节驱动的喷油泵,联轴节是用两个连接螺栓和主动凸缘盘结合的。松开连接螺栓,主动盘就可以带动喷油泵凸轮轴相对于主动凸缘盘转动一个角度。主动盘上的零刻线对准主动凸缘盘或钢片上的定时刻线(这是它们的基准位置),向两边转动的限度受到主动盘上的弧形槽的限制。调整时,如果需要增大供油提前角,应将喷油泵凸轮轴顺驱动轴旋转方向转动一个角度;反之,如果需要增大供油提前角,应将凸轮轴逆驱动轴旋转方向转动一个角度。调整以后,旋紧联轴节上的连接螺栓。

(2) 转动喷油泵泵体调整供油提前角

用于三角固定板与机体连接的喷油泵。如果检测的供油提前角不符合规定,只需松开三角形固定板上的螺栓和喷油泵体与法兰盘连接处的螺母,通过弧形长孔,可以适当转动泵体来调整供油提前角。如图5-39所示。调整时,由于在转动泵体时,喷油泵凸轮轴并不转动,只是滚轮体对喷油泵凸轮顺时针移动一个角度δ,则滚轮沿凸轮面滚动,并推动柱塞沿其轴线向上移动一个距离Δ,改变了柱塞遮盖住柱塞套进油孔和柱塞螺旋槽接通柱塞套回油孔的时间,从而改变了各分泵的供油提前角。

调整提前角时,将喷油泵体逆着凸轮轴旋转方向转过一个角度,供油提前角增大;反之,则供油提前角减小。若需要变动的角度过大时,应先调整喷油泵正时齿轮的啮合位置,然后再转动泵体调整供油提前角。

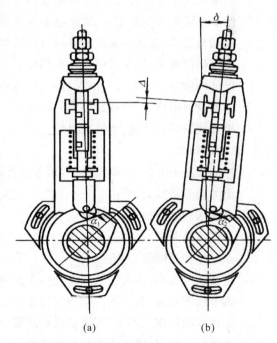

图 5-39 用转动喷油泵泵体调整供油提前角

4. 供油正时调整后的道路试验

为检验柴油机供油正时调整是否恰当,可进行道路试验。

- 将汽车柴油机走热后,挂入高挡以最低稳定车速行驶,然后将加速踏板踩到底,使汽车急加速运行;

- 若能听到柴油机有轻微的着火敲击声,且随着车速提高短时间后消失,则供油时间正确;
- 如果听到着火敲击声强烈,且车速提高后长时间不消失,则为供油过早;
- 如果听不到着火敲击声,且加速不灵、动力不足,则为供油时间晚。

以上是喷油泵第一缸供油提前角的检查和校正,其他各缸的供油提前角是否正确,则决定于各缸的供油间隔是否正确。要检查各缸的供油间隔是否正确,可通过溢油法或测时管法,以第一缸为基准,根据喷油泵的供油顺序和间隔角逐缸测定各缸的供油时刻。

任务7 柴油燃料供给系统常见故障诊断和排除

一、油泵常见故障

油泵常见故障、产生故障的原因及排除方法如下:

1. 喷油泵不供油

(1) 燃油箱无油,及时添加柴油。
(2) 燃油系统中进入空气,松开喷油泵等放气螺钉,用手泵泵油排除空气。
(3) 燃油滤清器或油管阻塞,清洗滤芯或者更新,对管理清洗吹净。
(4) 输油泵故障,按输油泵故障排除方法检修。
(5) 柱塞偶件咬死,拆洗或更换柱塞偶件。
(6) 出油阀座与柱塞套端合面密封不良,拆检修磨或更换偶件。
(7) 出油阀紧帽松懈,按规定旋紧力矩旋紧。
(8) 出油阀密封垫冲溃,更换密封垫。

2. 供油不均匀

(1) 燃油管路中有空气,断续供油,用手泵排除空气。
(2) 出油阀弹簧断裂,更换。
(3) 出油阀座面磨损,研磨修复或更换。
(4) 柱塞弹簧断裂,更换。
(5) 杂质使柱塞阻滞,清洗。
(6) 进油压力太小,检查输油泵进油接头滤网和燃油滤清器是否堵塞,进行清洗、保养。
(7) 调节齿圈松动,对准出厂记号线拧紧螺钉。
(8) 出油阀紧帽扭力不足,按规定扭矩旋紧。
(9) 部件顶部磨损,修复或更换顶部零件。

3. 供油量不足

(1) 油管接头漏油,重新拧紧或检修。
(2) 柱塞偶件磨损,更换。
(3) 输油泵进油接头滤网或燃油滤清器阻塞,清洗或更换芯子。
(4) 出油阀偶件漏油,研磨修复或更换。
(5) 溢油阀压力不足,调换或修复。

二、调速器常见故障

调速器常见故障的现象。原因及排除方法如下：

1. 转速不稳定

(1) 飞块张开不灵活，检修。
(2) 调速齿轮缓冲弹簧松动，更换。
(3) 缓冲器阻尼调整不当，重新调整。
(4) 调速弹簧变形，更换。
(5) 调速齿轮弹簧断裂，更换。
(6) 喷油泵调速器总成与柴油机匹配问题，检查两者匹配情况。

2. 不能达到额定最高转速

(1) 调速弹簧永久变形，更换。
(2) 喷油泵不能达到额定供油量，调整。

3. 怠速不稳定

(1) 调节齿杆与调节齿轮圈有轻微轧住，修至灵活。
(2) 稳定器或怠速限制螺钉旋入太多，重新调整。

4. 飞车(调速器失控，转速超过额定最高转速)

(1) 转速过高紧急停车，采取断油、断气等措施使柴油机停车，检查各部分，拆开高速限位螺钉铅封重新调整。
(2) 调节齿杆和拉杆连接销脱落，重新安装。
(3) 调速弹簧断裂，更换。
(4) 调速器紧固零件脱落，调节失灵，检修。
(5) 低速稳定器旋入太深，重新调整。

三、输油泵常见故障

输油泵常见故障的现象、原因及排除方法如下：

1. 供油量不足

(1) 进、回油阀及阀座的磨损，阀片歪斜与有结污等造成泄漏，铰削，并需要研磨阀座和接合平面，或换用新阀片。
(2) 活塞与活塞腔套磨损后间隙增大，采取铰削后，手工矸磨活塞内腔套筒，并选配加大的活塞。
(3) 油管接头漏油，清理螺纹或重新配螺母，或调换接头和垫圈。
(4) 进油接头处滤网阻塞，清洗滤网。
(5) 驱动偏心轮的磨损使泵油行程缩短，采取偏距重磨，以恢复原有的偏心距。

2. 供油压力低

回位弹簧的弹力减弱而影响泵油压力，更换。

3. 机械泵不供油

活塞卡住，检修或更换。

4. 手泵组件漏气漏油

进油接头处、手泵与泵体有泄漏,手泵活塞杆与手泵间隙过大,重新拧紧或修理。

5. 输油泵回油快

(1) 止回阀卡住检修。

(2) 止回阀平面密封不良,检修或更换。

6. 顶杆漏油

顶杆与泵体间隙过大,检修或更换。

四、喷油器常见故障

喷油器常见故障现象、原因及排除方法如下:

1. 喷油量很小或喷不出油

(1) 燃油系统油路有空气,排除低压或高压油路中空气。

(2) 喷油嘴偶件咬死,修磨或更换。

(3) 喷油泵供油不正常,按喷油泵故障排除。

(4) 高压油管漏油,检修高压油管。

(5) 喷油嘴偶件磨损,更换。

(6) 喷油泵故障见喷油泵故障排除方法。

(7) 喷油嘴偶件喷孔堵塞,清理喷孔积炭或更换。

2. 喷油压力低

(1) 调压螺钉松动,重新调整,按规定扭矩拧紧。

(2) 调压弹簧变形,更换或调整。

(3) 针阀粘住,清洗或研磨。

(4) 弹簧座、顶杆等零件磨损,修理更换。

3. 喷油压力太高

(1) 调压弹簧压力过高,重新调整至规定压力。

(2) 针阀粘住,清洗或研磨。

(3) 喷孔堵塞,清理喷孔或更换。

4. 喷油器总成漏油

(1) 针阀体研磨面损坏,更换。

(2) 针阀咬刹,清洗修理或更换。

(3) 紧帽变形,更换。

(4) 喷油器体平面磨损,修磨或更换。

(5) 紧帽松动,扳紧紧帽。

5. 喷油雾化不良

(1) 调压弹簧断裂,更换弹簧。

(2) 喷油压力低,调整喷油压力。

(3) 喷油嘴座面磨损或烧坏,修磨或更换。

(4) 喷油嘴偶件配合面有脏物,及时清洗。

(5) 喷孔有脏物或毛刺,及时去除。

6. 喷油成线状

(1) 喷孔堵塞,用直径 0.2～0.3 mm 的钢丝疏通喷孔。
(2) 针阀体座面过度磨损,更换偶件。
(3) 针阀咬刹,清洗修磨或更换。

7. 针阀表面烧坏

针阀表面烧坏或呈蓝黑色,柴油机过热,检查柴油机冷却系统,更换偶件,柴油机不要长时间超负荷运行。

五、喷油提前角调节器常见故障

喷油提前角调节器常见故障的现象、原因及排除方法如下:

1. 漏油

密封件密封不良,拆检修复。

2. 提前角度变化小或不变化

(1) 运动件不灵活或轧刹,拆检。
(2) 弹簧预紧力调试不当,重新调整。
(3) 缺少润滑油,运动件咬死,检修,加入规定润滑油。
(4) 弹簧变形,更换。
(5) 盖子压住垫圈,重拆装。
(6) 喷油泵供油量过大,按规定调试供油量。

六、柴油机运转过程中燃料供给系统常见故障

柴油机运转过程中燃料供给系统常见故障的现象、原因及排除方法如下:

1. 柴油机起动困难,回油管无回油

(1) 燃油系统中有空气检查燃油管路各接头是否松弛,排除燃油系统中的空气:首先旋开喷油泵和燃油滤清器上的放气螺钉,用手泵泵油,直至所溢出的燃油中无气泡后 旋紧放气螺钉,松开高压油管在喷油器一端的螺帽,撬动 A 型喷油泵滚轮部件,当管口流出的燃油中无气泡后旋紧螺帽。
(2) 燃油管路阻塞,检查各段管路使其畅通。
(3) 燃油滤清器阻塞,清洗燃油滤清器或更换滤芯。
(4) 输油泵不供油或断续供油,检查进油管是否漏气,进油管接头上的滤网是否堵塞。如仍不供油时,请参阅输油泵常见故障的排除方法。
(5) 喷油很少,喷不出油或喷油不雾化,将喷油器总成拆出,接在高压油泵上,撬动 A 型喷油泵滚轮部件或转动柴油机观察喷雾情况,检查并调整喷油压力至规定范围,如故障不能排除时,请参阅喷油器总成常见故障的排除方法。

2. 柴油机功率不足,加大油门后功率或转速仍提不高

(1) 燃油管路,燃油滤清器进入空气或阻塞,排除低压或高压油路中空气。
(2) 喷油泵供油量不足,见喷油泵常见故障的排除方法。
(3) 喷油器总成雾化不良或喷油压力低,见喷油器总成常见故障的排除方法。
(4) 调速器转速达不到额定值,见调速器常见故障的排除方法。

3. 柴油机运转时有不正常杂音或转速不稳

(1) 喷油时间过早,气缸内发出有节奏的清脆金属敲击声,调整喷油提前角。

(2) 喷油时间过迟,气缸内发出低沉不清晰地敲击声,调整喷油提前角。

(3) 供油不均匀造成转速波动过大,调整喷油泵。

(4) 怠速不稳定,调整怠速稳定器。

(5) 转速不稳定(俗称游车),检查油路供油情况,检查传动杠杆及柴油机情况,如解决不了,见调速器常见故障排除方法。

4. 排气烟色不正常,冒黑烟

(1) 喷油泵供油量过大,调整喷油泵。

(2) 各缸供油量不均匀,见喷油泵常见故障排除方法。

(3) 喷油提前角过大,调整喷油提前角。

5. 排气烟色不正常,冒白烟

(1) 喷油时刻过迟,柴油未经燃烧就被排出调整喷油时刻。

(2) 喷油器总成喷油雾化不良,有滴漏现象,喷油压力过低见喷油器总成常见故障的排除方法。

(3) 柴油中有水换柴油并查明水的来源加以排除。

注:柴油机在正常负荷下运转时,排气烟色应为淡灰色,允许短时间内出现深灰色,所谓排气烟色不正常,是指排气烟色为黑色、白色或蓝色,冒蓝烟是机油进入气缸后引起的,它通常与柴油机燃料系故障无关。

每章一练

1. 柴油机与汽油机的混合气形成有何不同?燃烧方式有何不同?
2. 柴油有哪些使用性能指标?
3. 为什么说直接喷射式燃烧室的起动性能要比分隔式燃烧室好?
4. 柴油在气缸内燃烧分四个阶段,这四个阶段有何特点?
5. 孔式喷油器和轴针式喷油器在结构上有何区别?
6. 喷油泵的作用是什么?对它有什么要求?
7. 出油阀上的减压带的作用是什么?
8. 怎样调整喷油泵的供油提前角?
9. 两速调速器和全速调速器在应用上有何区别?有何特点?
10. 喷油提前角的大小对柴油机的运行状况有何影响?
11. 柴油机和喷油泵上有哪些类型的供油正时标记,怎样来识别?
12. 柴油机出现起动困难,回油管无回油其原因可能有哪些?怎样排除?

项目六　润滑系统的构造与维修

本章概述

　　润滑系统的作用除了基本的润滑作用之外。还包括冷却作用、清洁作用和密封作用。其润滑形式主要有三种：飞溅润滑、定期润滑和压力润滑。本章主要就润滑系的构成、各部件的组成以及检修、维护等方面进行了讲解。

教学目标

1. 了解润滑系统的作用、组成、润滑方式；
2. 掌握润滑系统主要零部件的结构和原理；
3. 掌握润滑系统主要零部件的检测与维护方法；
4. 掌握润滑系统故障的分析与排除方法。

任务1　认识润滑系统

一、润滑系统的作用和润滑方式

　　润滑系统的作用是在发动机工作时，连续不断地把数量足够、温度适当的洁净机油输送到全部运动的摩擦表面，并在摩擦表面之间形成油膜，实现液体摩擦，从而减小摩擦阻力、降低功率消耗、减轻机件磨损，延长发动机的使用寿命。

1. 润滑系统的主要作用

（1）润滑作用：润滑运动零件表面，减小摩擦阻力和磨损，减小发动机功率的消耗。

（2）清洗作用：机油在润滑系内不断循环，清洗摩擦表面，带走磨屑和其他异物。

（3）冷却作用：机油在润滑系内循环还可带走摩擦产生的热量，起冷却作用。

（4）密封作用：在运动零件之间形成油膜，提高它们的密封性，有利于防止漏气。

（5）防锈蚀作用：在零件表面形成油膜，对零件表面起保护作用，防止腐蚀生锈。

（6）液压作用：润滑油还可用作液压油，起液压作用，如液压挺柱。

（7）减振缓冲作用：在运动零件表面形成油膜，吸收冲击并减少振动，起减振缓冲作用。

2. 润滑的方式

　　由于发动机传动件的工作条件不尽相同，因此，对负荷及相对运动速度不同的传动件采用不同的润滑方式。

（1）压力润滑：利用机油泵，将润滑油提高到一定压力，通过油道强制输送到摩擦表面进行润滑的方式。适用于工作载荷大、相对速度高的运动表面，如主轴承、连杆轴承及凸轮轴承等摩擦表面的润滑。

(2) 飞溅润滑：利用发动机工作时运动零件飞溅起来的油滴或油雾来润滑摩擦表面。适用于载荷较轻、相对速度较低的运动件表面，如活塞、汽缸壁、凸轮、正时齿轮、摇臂及气门等。

(3) 润滑脂润滑：通过润滑脂嘴定期加注润滑脂来润滑零件的工作表面。适用于负荷小、比较分散的发动机附属装置的润滑面上，如水泵、风扇、发电机、起动机等辅助装置的滚动轴承的润滑。

二、润滑系统的组成及油路

为了实现润滑系统的功用，汽车发动机润滑系统一般有以下几个基本装置：

(1) 油底壳、机油泵、油管、油道及限压阀等。用于储存机油，建立足够的油压使之在发动机内循环流动，并限制油路中的最高压力。

(2) 滤清装置。如集滤器、机油滤清器等，用来清除机油中的杂质，保证润滑油清洁和润滑可靠。

(3) 冷却装置。如机油散热器、机油冷却器等，用来冷却机油，保持油温正常，润滑可靠。有些发动机没有专门的机油冷却装置，靠空气流过油底壳冷却润滑油。

(4) 仪表装置。如油温表、油压表等，用来检测润滑系统的工作情况。

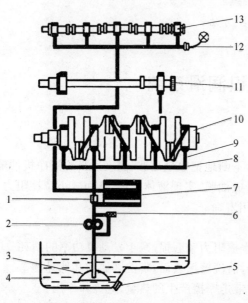

图 6-1 普通桑塔纳型发动机润滑系统示意图
1—旁通阀；2—机油泵；3—集滤器；4—油底壳；5—放油塞；
6—安全阀；7—机油滤清器；8—主油道；9—分油道；
10—曲轴；12—中间轴；12—压力开关；13—凸轮轴

桑塔纳轿车 AFE 型发动机润滑系统的结构与油路如图 6-1 所示。油底壳内的润滑油经集滤器过滤大的机械杂质后，被机油泵压入机油滤清器后分三路送出。第一路经主油道后为两支：

一支送入曲轴主轴承分油道，润滑主轴承，经曲轴内油道润滑连杆大端轴承，再经连杆内油道润滑连杆小端轴承后回到油底壳；另一支则进入中间轴的轴承后流回油底壳。第二路从主油道进入凸轮轴的轴承后再润滑气门机构，然后流回油底壳。第三路，在主油道油压太高或流量太大的情况下，润滑油冲开安全阀，分流回油底壳。

桑塔纳轿车发动机润滑系统有两个油压开关：一是在滤清器盖上设有一个油压开关，是高压不足报警开关。机油滤清器上设有旁通阀，起动压力为 0.18 MPa。当机油滤清器堵塞，压力开关短路，润滑油通过旁通阀直接进入主油道，防止发动机运动副因缺少润滑油而烧坏，同时报警灯闪亮，提醒驾驶人更换机油滤芯。二是在缸盖主油道末端设有一个油压开关，是最低压力报警开关。打开发动机点火开关，由油压开关控制的油压指示灯亮，当发动机起动后油压超过 0.031 MPa 时，该灯熄灭。如果发动机油压下降至 0.031 MPa 以下时，机油压力开关触电闭合，油压指示灯亮。

三、润滑剂的种类及选用

汽车发动机润滑系所用的润滑剂包括润滑油和润滑脂两种。

1. 润滑油

汽车发动机润滑油(以下简称机油)在润滑系统内循环流动,循环次数每小时可达100次,工作环境十分恶劣。因此,汽车机油必须具备优良的使用性能。目前,汽车发动机广泛采用使用的机油,是以石油中提炼出来的润滑油为基础油,再加入各种添加剂混合而成。

国际上广泛采用美国SAE黏度分类法和API使用分类法,而且它们已被国际标准化组织(ISO)确认。美国工程师学会(SAE)按照机油的黏度等级,把机油分为冬季用机油和非冬季用机油。冬季用机油有6种牌号:SAEOW、SAE5W、SAE10W、SAE15W、SAE20W和SAE25W。非冬季机油有4种牌号:SAE20、SAE30、SAE40和SAE50。号数较大的机油黏度较大,适于在较高的环境温度下使用。

API使用分类法是美国石油学会(API)根据机油的性能及其最适合的使用场合,把机油分为S系列和C系列两类。S系列为汽油机油,目前有SA、SB、SC、SD、SE、SF、SG和SH8个级别。C系列为柴油机油,目前有CA、CB、CC、CD和CE5个级别。级号越靠后,使用性能越好,适用的机型越新或强化程度越高。其中,SA、SB、SC和CA等级别的机油,除非汽车制造厂特别推荐,否则将不再使用。

我国的机油分类法参照采用ISO分类方法。GB/T 7631.3—1995规定,按机油的性能和使用场合分为:

(1) 汽油机油:SC、SD、SE、SF、SG、SH等6个级别。

(2) 柴油机油:CC、CD、CD-2、CE、CF-4等5个级别。

(3) 二冲程汽油机油:ERA、ERB、ERC和ERD等4个级别。

每一种使用级别又有若干种单一黏度等级和多黏度等级的机油牌号。近年来还出现了汽,柴油机通用的多用途发动机机油。

2. 润滑脂

润滑脂是将稠化剂掺入液体润滑剂中所制成的一种稳定的固体或半固体产品,其中可以加入旨在改善润滑脂某种特性的添加剂。润滑脂在常温下可附着于垂直表面而不流淌,并能在敞开或密封不良的摩擦部位工作,具有其他润滑剂所不能代替的特点。因此在汽车的许多部位都使用润滑脂润滑。

目前,进口汽车和国产新车普通推荐使用汽车通用锂基润滑脂。这种润滑脂具有良好的高低温适应性,可在-30~120 ℃的宽广温度范围内使用;具有良好的抗水性和防锈性能,可用于潮湿和水接触的摩擦部位;具有良好的安定性和润滑性,在高速运转的机械部位使用,不变质、不流失,保证润滑。

3. 机油的选用原则

(1) 根据汽车发动机的强化程度选用合适的机油使用等级。

(2) 根据地区的季节气温选用适当黏度等级的机油。

4. 机油使用注意事项

（1）如果不是通用油,则汽油机机油和柴油机机油不能混用;不同牌号的发动机机油也不能混用。

（2）质量等级较高的发动机机油可代替质量等级较低的发动机机油,反之,则不能。

（3）经常检查发动机机油的液面高度。

（4）注意使用地区的气温变化,及时换用黏度等级适宜的发动机机油。在满足使用要求的前提下,发动机机油的黏度尽可能选择小些。

（5）适时(定期或按质)换油。

（6）严防水分、杂质等污染发动机机油。

任务2　润滑系统主要部件的构造与维修

润滑系统由机油泵、机油滤清器、机油散热器、缸体油道及油底壳等组成,如图6-2所示。

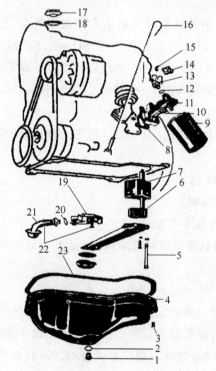

图6-2　润滑系统零部件分解示意图
1—放油螺栓;2—O形密封圈;3—油底壳紧固螺栓;
4—油底壳;5—油泵盖紧固长螺栓;6—机油泵齿轮;
7—机油泵壳体;8—机油滤清器盖衬垫;9—机油滤清器;
10—机油滤清器盖紧固螺栓;11—机油滤清器盖;
12—密封圈;13—压力开关;14—油压开关;15—密封圈;
16—机油尺;17—加油口盖;18—密封片;
19—带限阀的机油泵盖;20—O形圈;
21—粗集滤器;22—油泵盖紧固螺栓;
23—油底壳衬垫

一、机油泵

1. 机油泵的构造和工作原理

机油泵的功用是保证机油在润滑系统内循环流动,并在发动机任何转速下都能以足够高的压力向润滑部位输送足够数量的机油。

机油泵结构形式可分为齿轮式和转子式两类。齿轮式机油泵又分内接齿轮式和外接齿轮式,一般把后者称为齿轮式机油泵。

（1）外啮合齿轮式机油泵

机油泵壳体上加工有进油口和出油口。在油泵壳体内装有一个主动齿轮和一个从动齿轮。齿轮和壳体内壁之间留有很小的间隙。其工作原理如图6-5所示,当齿轮按图示方向旋转时,进油腔的容积由于轮齿向脱离啮合方向运动而增大,腔内产生一定的真空度,润滑油便从进油口被吸入并充满进油腔。旋转的齿轮将齿间的润滑油带到出油腔。由于轮齿进入啮合,出油腔容积减小,油压升高,润滑油经出油口被输送到发动机油道中。

一般在泵盖上铣出一条泄压槽与出油腔相通,使轮齿啮合时挤出的润滑油通过泄压槽流向出油腔,以消除轮齿进入啮合时在齿轮间产生的很大推力。图6-3为AFE型发动机机油泵。

桑塔纳轿车AFE型发动机的机油泵为齿轮泵。由中间轴上的螺旋齿轮驱动,安装在气缸体底平面第 3 缸附近设计的平台上。泵的出口直接向上通向气缸体润滑油道,进入安装在气缸体侧面的机油滤清器支架内。机油泵的进口与集滤器相连。

 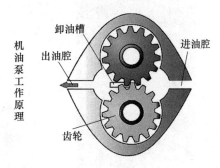

图 6-3　外啮合齿轮式机油泵

（2）内啮合齿轮式机油泵

内啮合齿轮式机油泵也称内接齿轮泵,其工作原理与外啮合齿轮式机油泵或齿轮式机油泵相同。内接齿轮泵的结构如图 6-4 所示。其外齿轮是主动齿轮,套在曲轴前端,通过花键由曲轴直接驱动。内接齿轮是从动齿轮,装在机油泵体内,泵体固定在机体前端。因为内接齿轮泵由曲轴直接驱动,无须中间传动机构,所以零件数量少,制造成本低,占用空间小,使用范围广。但是这种机油泵在内、外齿轮之间有一处无用的空间,使机油泵的泵油效率降低。另外,如果曲轴前端轴颈太粗,机油泵外形尺寸随之增大,发动机驱动机油泵的功率损失也相应有所增加。

（3）转子式机油泵

油泵壳体内装有内转子和外转子。内转子通过键固定在主动轴上,外转子外圆柱面与壳体配合,两者之间有一定的偏心距,外转子在内转子的带动下转动。壳体上设有进油口和出油口。工作原理如图 6-5 所示,在内外转子的转动过程中,转子的每个齿的齿形齿廓线上总能相互成点接触。这样内外转子间形成了四个封闭的工作腔。由于外转子总是慢于内转子,这四个工作腔容积在不断变化。每个工作腔在容积最小时于壳体上的进油孔相通,随着容积的增大,产生真空,润滑油便经进油孔吸入。转子继续旋转,当工作腔与出油孔相通时,容积逐渐减小,压力升高,润滑油被压出。

图 6-4　内啮合齿轮式机油泵

转子式机油泵结构紧凑,体积小,质量轻,吸油真空度高,泵油量大,供油均匀度好。安装在曲轴箱外位置较高处时也能很好的供油。

桑塔纳 2000GSi 轿车 AJR 型发动机润滑系的机油泵采用转子泵。转子泵的内齿为 7 齿,外齿为 6 齿,结构更为紧凑,体积小、重量轻、流量大。机油泵上有一个限压阀来限制机油泵的出油压力。

2. 机油泵的检修

机油泵主要损伤形式是零件磨损造成的泄漏,使泵油压力降低,泵油量减小。机油泵的磨损情况可以通过检测机油泵各处的间隙获得。由于机油泵工作时,润滑条件好,零件磨损速度慢,使用寿命长,因此可以根据它的工作性能确定是否需要拆检和修理。

图 6-5　转子式机油泵

(1) 齿轮式机油泵的检修

① 检查机油泵主从动齿轮与机油泵盖端面的间隙。主从动齿轮与机油泵盖端面间隙的检查方法如图 6-6(a) 所示,正常间隙应为 0.05 mm,磨损极限值为 0.15 mm。

② 检查齿轮啮合间隙。检查时,将机油泵盖拆下,用塞尺在互成 120°角三个位置处测量机油泵主、从动齿轮的啮合间隙,如图 6-6(b) 所示。新机油泵齿轮啮合间隙为 0.05 mm,磨损极限值为 0.20 mm。

③ 检查主动齿轮端面与机油泵壳配合间隙。如图 6-6(c) 所示,主动齿轮端面与机油泵壳配合间隙应为 0.03~0.075 mm,磨损极限值为 0.20 mm。否则应对轴孔进行修复。

④ 检查机油泵主动轴的弯曲度。将机油泵主动轴支承在 V 形架上,用百分表检查弯曲度。如果弯曲度超过 0.03 mm,则应对其进行校正或更换。

⑤ 检查机油泵盖。机油泵盖如有磨损、翘曲和凹陷超过 0.05 mm,应以车、研磨等方法进行修复。

⑥ 检查限压阀。检查限压阀弹簧有无损伤、弹力是否减弱,必要时予以更换。检查限压阀配合是否良好、油道是否堵塞、滑动表面有无损伤,必要时更换限压阀。

(a)测量泵盖与齿轮端面间隙　　(b)测量主、从动齿轮啮合间隙　　(c)测量齿轮顶面与泵壳内壁间隙

图 6-6　齿轮式机油泵配合间隙的检查

(2) 转子式机油泵的检修

对于转子式机油泵应检查下面各处间隙,如图 6-7 所示。

① 检查内转子齿顶与外转子内廓面间的间隙。间隙值应小于 0.15 mm，极限值为 0.2 mm。

② 检查外转子与泵体间的间隙。一般为 0.10~0.16 mm，极限值为 0.30 mm。

③ 检查转子的端面间隙。一般为 0.03~0.09 mm，极限值为 0.20 mm。

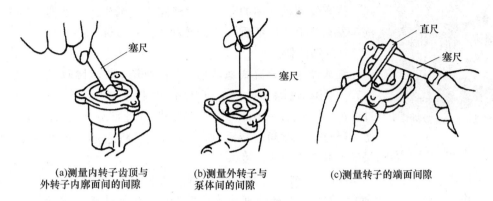

图 6-7 转子式机油泵配合间隙的检查

(3) 机油泵检修后，可通过以下方法检验其工作性能

简易试验法：将机油泵放入清洁的机油中，用螺丝刀转动机油泵轴，应有机油从出油孔中排出，如用拇指堵住出油孔，继续转动机油泵时，应感到有压力。

试验台试验法：机油泵装复后在试验台上进行性能试验。桑塔纳轿车发动机机油泵所用油为 SAE20 号润滑油，在温度为 80 ℃，转速为 1 000 r/min，进口压力为 0.01 MPa，出口压力为 0.6 MPa 的条件下，最小流量应为 8.3 L/min，实测可达到 10 L/min。低压压力开关报警压力为 30 kPa；发动机转速为 2 150 r/min 时报警压力为 0.18 MPa。

二、机油滤清器

1. 机油泵的构造和工作原理

按滤清器的过滤能力分为集滤器、粗滤器和细滤器三种。

(1) 集滤器

集滤器用来防止粒度大的杂质进入，它装在机油泵之前。一般采用滤网式，有固定式和浮动式两种，如图 6-8 所示，目前多用固定式。

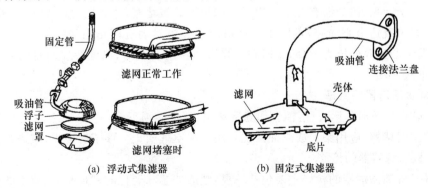

图 6-8 集滤器

(2) 粗滤器

粗滤器属于全流式滤清器,串联于机油泵与主油道之间,它对机油的流动阻力较小,用以滤去机油中粒度较大(直径为 0.05~0.1 mm 以上)的杂质。

粗滤器根据滤清元件(滤芯)的不同,可以有各种不同的结构形式。汽车发动机常用的有金属片缝隙式和纸质式粗滤器,目前许多汽车发动机都采用纸质式粗滤器,如图 6-9 所示。

(3) 细滤器

细滤器属于分流式滤清器,与主油道并联,对润滑油的流动阻力较大,用以滤除直径在 0.001 mm 以上的细小杂质。将经粗滤器过滤的润滑油的一小部分引入细滤器,使此部分润滑油得到充分过滤。经过一段时间运转后,所有润滑油都将通过一次细滤器,从而保证了润滑油的清洁度。

图 6-9 纸质粗滤器

桑塔纳 2000 型轿车发动机采用过滤式细滤器,结构如图 6-10 所示,粗滤和细滤集为一体。工作过程如图 6-11 所示,从油底壳来的脏油从端盖周边的机油孔进入滤清器内,从外向流过褶纸滤芯和尼龙滤芯过滤后进入滤清器中心油腔。当机油压力大于止回阀的弹簧弹力时,推开止回阀,过滤后的机油流向发动机。褶纸滤芯由棉花、毛绒、人造纤维等组成,使脏油从滤芯的外部流向内部,从而使外部粗滤的面积可增大。

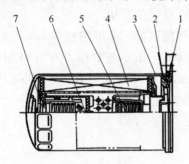

图 6-10 桑塔纳 2000 型发动机
机油滤清器结构
1—密封圈;2—滤清器盖;3—滤清器壳;4—褶纸滤芯;
5—止回阀;6—尼龙滤芯;7—旁通阀

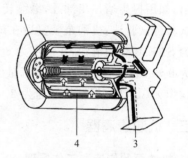

图 6-11 桑塔纳 2000 型轿车发动机
机油滤清器工作流程图
1—旁通阀;2—通过发动机的清洁润滑油;
3—从油底壳来的脏油;4—褶纸

为了安全起见,滤清器有一个旁通阀。如果滤芯被堵塞,这时压力增大,使旁通阀打开,机油绕过滤芯直达中心油腔,可防止发动机缺油。当发动机停止工作时,机油泵也停止工作,滤清器中心油腔的压力下降,止回阀在弹簧的作用下关闭,以维持发动机内有足够的机油,利于下次起动。

2. 机油滤清器的修理

(1) 集滤器的损坏形式有:油管和滤网堵塞、浮子破损下沉等。

机油滤网堵塞,应用柴油或煤油清洗后用压缩空气吹干。浮子有破损,应进行焊修。

(2) 机油滤清器的检修

可拆式机油滤清器的检修主要包括:更换纸质滤芯和老化的密封胶圈、清洗滤清器内部的沉淀物和检查、调整旁通阀开启压力等三项内容。

一般汽车每行驶 12 000 km,应更换一次滤芯。装配滤清器时,注意各处的密封圈不可漏装。

无特殊情况不得拆卸和调整旁通阀,以免开启压力发生变化。必要时,应在试验台上检查和调整旁通阀的开启压力。向气缸体上安装滤清器时,应先在滤清器内充满机油,并检查与气缸体平面结合处是否平整,垫片是否完好,最后拧紧固定螺栓。

三、机油散热器

为了使机油保持最有利的工作温度,除了靠油底壳和其他零件的自然散热外,有的发动机还装有机油散热器。机油散热器和冷却液散热器结构基本相同,布置在冷却液散热器前面,利用风扇风力使机油冷却,如图 6-12 所示。机油散热器油路与主油道并联,在气温低的季节或润滑油压力低时不使用机油散热器,故在机油散热器前面常串联有手动开关和限压阀。

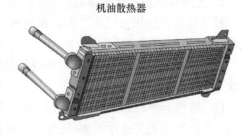

图 6-12 发动机机油散热器结构

四、机油尺

为了保证润滑,在润滑系中必须保证有一定数量和质量的机油,机油尺的作用就是检查机油油面的高低。如图 6-13 所示,油底壳内机油量,应保持在机油尺的上限与下限之间。通常添加机油时,均加至机油尺的上限,以防因漏油或机油进入燃烧室,机油面迅速降低至下限以下。

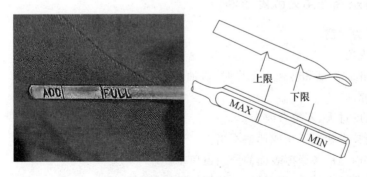

图 6-13 机油尺

有经验的驾驶人或修理人员通过查看机油尺上的机油状态,能判断出很多发动机的工作动态信息,及时发现故障、事故的原因,避免故障进一步恶化等,并能迅速做出反应,得到正确的判断。

任务 3 润滑系统的常见故障与诊断

一、润滑系统的维护

1. 机油的检查

发动机机油油面高度应经常检查,具体方法如下:

(1) 车辆必须处于水平位置,发动机必须预热,机油温度必须高于60℃。
(2) 发动机熄火后等待几分钟,其目的是让机油流回到油底壳中。
(3) 拔出机油尺,用干净的抹布擦干,然后再将其插入到底。
(4) 拔出机油标尺,读取机油液面高度数值。
(5) 用手捻搓机油尺上的机油,检查其黏度,看有无汽油味和水泡等。

2. 更换机油和机油滤清器

发动机油在使用过程中会有质和量的变化,必须定期更换。否则将导致油泥、积炭等沉积物,影响发动机的正常工作。

更换机油时,应按汽车制造商推荐的换油周期并考虑车辆的使用条件等因素进行。具体操作如下:

(1) 将汽车停放在平坦的地面上,起动发动机并使其处于热机状态,然后熄火。
(2) 拧下油底壳放油螺塞,趁热将旧机油排入合适的机油容器内。
(3) 拧下机油滤清器并排净其内部的旧机油。
(4) 在确保所有旧机油都已被排出的前提下,将油底壳放油螺塞装回到油底壳。
(5) 将符合规定(规格和油量)的新机油从注油口加入到曲轴箱中。
(6) 在安装新滤清器前,在机油滤清器油封上涂上机油,向新滤清器中注满符合规定要求的机油。这将消除初次起动过程中润滑系统中的空气。
(7) 起动发动机并检查机油压力,检查滤清器周围是否漏油。停熄发动机并检查机油标尺上的机油油位是否合适。

二、润滑系统的常见故障诊断

1. 机油压力过高

(1) 故障现象

发动机在正常温度和转速下工作时,机油压力表指示压力超过规定值。

(2) 故障原因

① 机油黏度过大,不符合要求。
② 限压阀技术状况不良或调整不当。
③ 气缸体内通往各摩擦表面的分油道堵塞。
④ 发动机曲轴主轴承、连杆轴承、凸轮轴轴承的间隙过小。
⑤ 机油压力表或机油传感器不良或失效。

(3) 故障诊断

① 抽出机油尺用手捻试机油,凭经验判断机油黏度的大小,若黏度正常则进行下步检查。
② 换用新机油、压力表及传感器,运转发动机看机油压力是否正常。若机油压力正常,则说明原机油压力表或机油压力传感器失效;若机油压力仍高,则进行下一步检查。
③ 如机油限压阀安装在发动机外表,则直接拆卸限压阀,必要时更换限压阀元件,并重新调整限压阀后进行试车。若机油压力正常,则说明限压阀技术状况不良或调整不当;若机油压力仍高,则故障原因可能是缸体内通往各摩擦表面的分油道堵塞,对于新车或刚大修的发动机,可能是主轴承、连杆轴承和凸轮轴轴承的间隙过小。如机油限压阀在发动机内部,则限压阀的检查调整需要拆除发动机油底壳。

2. 机油压力过低

(1) 故障现象

发动机在正常温度和转速下工作时,机油压力表指示压力低于规定值,或油压报警蜂鸣器报警、油压报警指示灯点亮。

(2) 故障原因

① 油底壳内机油不足。

② 机油黏度过小,不符合要求。

③ 限压阀技术状况不良或调整不当。

④ 机油泵磨损严重,使供油压力过低。

⑤ 机油集滤器滤网堵塞。

⑥ 机油管接头松动或油管破裂。

⑦ 机油粗滤器堵塞。

⑧ 曲轴主轴承、连杆轴承、凸轮轴轴承间隙过大。

⑨ 机油压力表及其传感器失效,或油压报警指示装置失效。

(3) 故障诊断

① 检查机油量是否充足。拔出机油尺检查油面高度,如过低则应及时加机油;若正常,则进行下一步检查。

② 检查机油黏度是否正常。用拇指和食指蘸少许机油,两指拉开,两指间应有 2～3 mm 的油丝,否则机油黏度过小。若黏度正常,则进行下一步检查。

③ 拆下机油压力传感器,短时间启动发动机,若机油喷出量多而有力,则故障原因是油压传感器及机油压力失效,或油压报警指示装置失效,可用新配件进行替换来确认故障;若机油喷出量少而无力,则进行下一步检查。

④ 检查机油粗滤器滤芯是否脏污堵塞严重,粗滤器旁通阀是否堵塞不能开启。若有故障,则更换滤芯或机油滤清器进行试车检查,此时若机油压力正常,则说明原滤清器堵塞了油路;若机油压力仍低,则进行下一步检查。

⑤ 若机油限压阀安装在发动机外表,则直接拆检限压阀,必要时更换限压阀元件,并重新调整限压阀后进行试车。若机油压力正常,则说明限压阀技术状况不良或调整不当;若机油压力仍低,则故障原因可能是机油泵磨损严重,集滤器网堵塞,机油管路泄露,曲轴主轴承、连杆轴承、凸轮轴轴承的间隙过大所致,这些可在拆除油底壳后进行确诊。若机油限压阀在发动机内部,则限压阀的检查调整也需拆除发动机油底壳。

3. 机油消耗过多

(1) 故障现象

机油消耗率超过正常值,排气管冒蓝烟。

(2) 故障原因

① 活塞与缸壁磨损严重,间隙过大。

② 活塞环装配不当,如锥形环、扭曲环上下方向装反,活塞环安装时有对口现象。

③ 活塞环的端隙、背隙及边隙过大,活塞环弹力不足。

④ 气门导管磨损过甚,气门杆油封损坏。

⑤ 曲轴箱通风不良。

⑥ 油底壳、气门室盖漏油,润滑系统有关部件向外部渗漏。

⑦ 气压制动汽车的空气压缩机活塞与缸壁间隙过大。

(3) 故障诊断

① 检查发动机外部是否漏油,应特别注意有无漏油痕迹,重点检查主要漏油部位,如曲轴前端和后端、凸轮轴后端油堵是否漏油。

② 若发动机气缸盖罩、气门室盖、油底壳衬垫和发动机前后油封等多处有机油渗漏,应重点检查曲轴箱通风装置,因为曲轴箱通风系统技术状况不佳、曲轴箱通风不良时,会使曲轴箱内气体压力和机油温度升高,容易造成机油渗漏、蒸发,甚至进入气缸燃烧,使机油消耗过多。

③ 检查发动机排烟。发动机工作时,若排气管明显地冒蓝烟,则说明机油进入燃烧室参与了燃烧。当发动机高速运转或及加速时,排气管大量冒蓝烟,同时机油加注口也向外冒蓝烟,则说明活塞、活塞环与气缸壁磨损过甚,或者活塞环的端隙、边隙、背隙过大,弹力不足,或者活塞环卡死、开口转到一起有对口现象,或者锥面环、扭曲环方向装反,产生泵油作用,使得机油容易窜入燃烧室。当发动机大负荷运转时,排气管冒蓝烟而机油加注口不冒烟,则表明气门导管磨损过甚,气门杆油封损坏,易使机油被吸入燃烧室。

④ 对于采用气压制动的汽车,当松开湿储气筒放水排污开关后,若发现伴有大量油污排出,则表明空气压缩机的活塞、活塞环与气缸壁磨损过甚,从而导致大量机油由此泵出。

4. 机油变质

机油颜色变黑,黏度下降或上升;添加剂性能丧失,含有水分;机油乳化,呈乳浊状并有泡沫。出现这些现象,则为机油变质。

机油变质可通过手捻、鼻嗅和眼观的人工经验法检验。如机油发黑、变稠一般由机油氧化造成;如机油发白则证明机油中有水;如机油变稀则为汽油或柴油稀释引起。为精确分析机油变质原因,最好使用油质仪和滤纸斑点试验法进行机油品质检查。

出现故障的原因及处理方法有:

(1) 活塞、活塞环与气缸壁的密封不良。检修活塞、活塞环和气缸。

(2) 机油使用时间太长。更换机油。

(3) 滤清器性能不良。更换滤清器。

(4) 曲轴箱通风不良。检修曲轴箱的通风装置。

(5) 发动机缸体或缸垫漏水。检修发动机缸体或更换发动机缸垫。

1. 根据工作条件的恶劣程度,简述新车更换机油的要求。
2. 叙述机油压力低的诊断原因。
3. 润滑系统的主要部件的结构是怎么样的?

项目七 冷却系统构造与维修

 **本章概述**

发动机的冷却形式一般分为风冷却和水冷却两种。汽车用发动机多用水冷却的形式，即发动机工作中产生的高温先传给冷却水，然后再通过水循环将热量散发到大气中。水冷却系具有冷却均匀可靠、发动机结构紧凑、制造成本低、工作噪声和热应力小等优点，但它也存在结构复杂、工作中易出现漏水、冻裂等缺点。本章主要就水冷系的组成、工作原理及常见的检修进行讲解。

 教学目标

1. 熟悉发动机水冷却系循环路线。
2. 掌握水冷却系的作用、组成及主要零部件的构造。
3. 掌握水泵、节温器等主要零部件的检测与维修方法。
4. 掌握水冷却系水温过高或过低故障诊断与排除方法。

任务 1 认识冷却系统

一、冷却系概述

1. 冷却系的作用

由发动机工作原理可知，发动机在做功燃烧过程中，气缸内气体的温度可高 2 200～2 800 K，直接与高温气体接触的机件（如气缸体、气缸盖、活塞、气门等）若不及时加以冷却，则其中的运动件将可能因受热膨胀而破坏正常的工作间隙，或润滑油在高温下失效而卡死。各相关机件也可能因高温导致其机械强度降低甚至损坏。为保证发动机正常工作，必须对这些在高温工作下的机件进行冷却。

因此，冷却系的作用就是对发动机进行适度的冷却，保证发动机长时间工作在最佳的温度范围内（80～105 ℃），既能防止发动机过热，也能解决冬季发动机过冷的问题。

发动机的冷却要适度。若冷却不足，则会使发动机过热，从而造成：

➢ 充气效率低，早燃和爆燃易发生，发动机功率下降。
➢ 运动机件易损坏。
➢ 润滑油黏度减小、润滑油膜易破裂加剧零件磨损

若冷却过度，则会使发动机过冷，从而导致：

➢ 燃烧困难，功率低及油耗高。

➢ 润滑油黏度增大,零件磨损。
➢ 燃油凝结而流入曲轴箱,增加油耗,且机油变稀,从而导致功率下降,磨损增加。

所以冷却必须适度,不论何种形式的冷却系,除能满足发动机在最大热负荷情况下的冷却外,还必须能在发动机各种工况下对冷却强度进行调节,以维持发动机的正常工作温度。

2. 冷却系的类型

根据冷却介质的不同,汽车发动机的冷却方式有两种,即水冷却和风冷却。现代汽车发动机普遍采用水冷却。

(1) 水冷却系统

水冷系是利用冷却水在水套中循环流动,吸收高温机件的热量,再将这些吸收了热量的冷却水送至散热器,通过散热器将热量散发到大气中。水冷系冷却可靠,冷却强度调节方便,在工作中冷却液损失较少。在发动机正常工作时,可使缸盖内的冷却水温度维持在353~363 K(80~90 ℃),如图7-1所示。

(2) 风冷却系统

风冷却是以空气为冷却介质直接对缸体和缸盖进行冷却,将发动机中高温零件的热量,直接散发到大气,使发动机的温度降低而进行冷却的一系列装置称为风冷系。采用风冷系的发动机,为了增大散热面积,在气缸体和气缸盖上制有许多散热片,发动机利用车辆前进中的空气流,或特设的风扇鼓动空气,吹过散热片,将热量带走。部分汽车发动机采用风冷系,特别是小排量发动机,但在现代汽车发动机上较少采用。

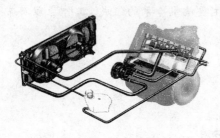

图 7-1 水冷系示意图

图7-2是发动机风冷系示意图,气缸和气缸盖的表面均布了散热片,它与气缸体或气缸盖铸成一体。

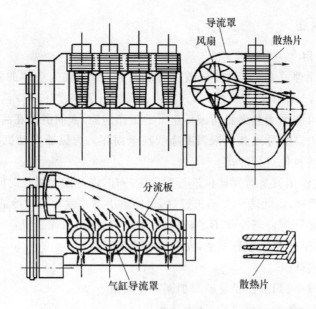

图 7-2 风冷系示意图

现代风冷发动机气缸盖都用导热性良好的铝合金铸造,而且气缸盖和气缸体上部的散热片也比气缸体下部的长一些,这样可以加强冷却。安装导流罩,是为了更有效地利用空气流,加强冷却;安装分流板,是为了保证各缸冷却均匀。考虑到各气缸背风面冷却的需要,在有些发动机上还装有气缸导流罩。

风冷系的优点:结构简单、使用和维修方便。

风冷系的主要缺点:冷却不够可靠、功率消耗大、噪声大和对气温变化不敏感。

二、水冷系的组成

水冷系一般由散热器、水泵、水管、水套、节温器、散热器、百叶窗、膨胀水箱、冷却液温度表和风扇等组成,桑塔纳2000GSi轿车AJR发动机冷却系统如图7-3所示。

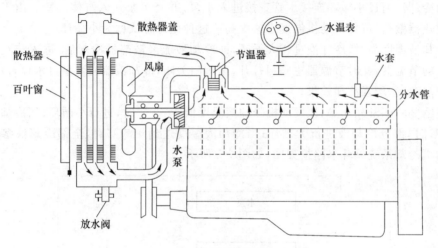

图 7-3 强制循环式水冷却系示意图

水冷系一般都由水泵强制给水(或冷却液)在冷却系中进行循环流动,故称为强制循环式水冷系。

水泵将冷却水由机外吸入并加压,使之经分水管流入发动机缸体水套。这样,冷却水从气缸壁吸收热量,温度升高流到气缸盖水套,再次受热升温后,沿水管进入散热器内。经风扇的强力抽吸,空气流由前向后高速通过散热器,最终使受热后的冷却水在流经散热器的过程中,其热量不断地通过散热器,散发到大气中去。同时,使水本身得到冷却。冷却了的水流到散热器的底部后,又在水泵的加压下,经水管再压入水套,如此不断地循环,从而使得发动机在高温条件下工作的零件不断地得到冷却,保证了发动机的正常工作。

三、冷却水系的工作原理

为了保证发动机在不同负荷、转速和气候条件下保持正常的工作温度,冷却液的循环路线是不同的。桑塔纳2000GSi轿车AJR发动机冷却系统布置图如图7-4所示,冷却液轴向进入水泵后,经水泵叶轮径向直接流进发动机机体水套,吸收机体热量。此后,冷却液分两路循环,一路为大循环,另一路为小循环。

节温器安装于缸盖出水管出口处,受冷却水温度的控制决定冷却水的循环路线通路。

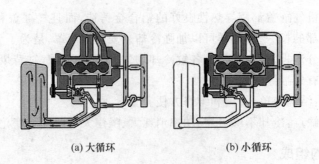

(a) 大循环　　　　　　　(b) 小循环

图 7-4　发动机冷却系统循环水路

当发动机刚刚起动，冷却液温度低节温器阀门关闭，关闭通往散热器的通路，从缸盖水套流出的冷却液通过小循环连接水管直接进入水泵，并经水泵送入缸体水套。由于冷却液不经过散热器散热，可使发动机温度迅速提高。这种循环方式称为小循环。

当冷却液温度高时，冷却液进行大循环，即冷却液流经散热器冷却后，进入装在机体水泵进口处的节温器，此时节温器主阀门打开，副阀门关闭，冷却液流向水泵进水口，以求迅速降低冷却液温度，增强冷却效果。

桑塔纳 2000GSi 轿车 AJR 发动机冷却液温度低于 85 ℃时，进行小循环；当冷却液温度高于 85 ℃时，部分冷却液进行大循环；当冷却液温度达到 105 ℃时，全部冷却液参加大循环。发动机冷却系统循环水路框架图，如图 7-5 所示。

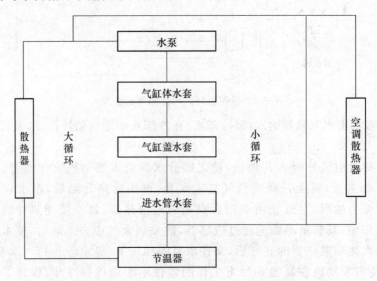

图 7-5　发动机冷却系统循环水路框架图

除了节温器可通过改变流经散热器中冷却液的流量来调节冷却强度以外，冷却强度还可通过改变流经散热器的空气流量得到调节，如电动风扇、百叶窗、自动风扇离合器等。冷却液都是从缸体进入、从缸盖流出，传统方式是把节温器安装在温度较高的缸盖出水管中，[图 7-6(a)]。特点是：添加冷却液时气泡易排出释放，但是节温器在热起过程中，特别是刚开启时，因温度和压力骤然变化，会产生较长时间的开闭振荡，直至全开稳定状态，这样影响了节温器的寿命，也加剧水泵负载变化。

本田车系和德国车系率先革新，将节温器布置在缸体进水管中，[图 7-6(b)]。特点是：

大幅度降低节温器开闭振荡现象,缩短了发动机的热起时间,降低油耗,但在添加冷却液时不易排出气泡,因此多种车型设有排气孔,应及时拧开排气。

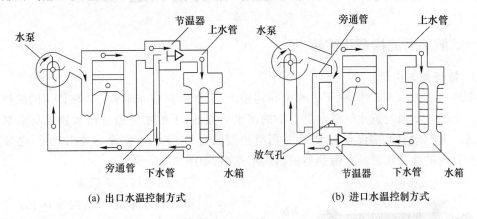

(a) 出口水温控制方式　　(b) 进口水温控制方式

图 7-6　冷却强度调节

四、冷却液

冷却液是发动机冷却系统中最重要的工作介质,汽车常用的冷却液有水及加有防冻剂的防冻冷却液。防冻冷却液中含有特殊添加剂,能起到冷却、防冻、防锈和防积水垢等作用,被现代轿车发动机普遍采用。

1. 防冻冷却液的种类

防冻冷却液主要由冷冻剂与水按一定比例混合而成。按冷冻剂的种类不同,防冻冷却液分为酒精型、甘油型和乙二醇型三种,前两种已淘汰。

乙二醇是一种无色黏稠液体,能与水以一定比例混合,沸点为 197.4 ℃,冰点为 -11.5 ℃,与水混合后还可使防冻冷却液的冰点显著降低(最低可达-68 ℃)。乙二醇型防冻冷却液是用乙二醇作为冷冻剂,与水、防腐剂和染色剂等多种添加剂配制而成。用不同比例的乙二醇和水混合可配制成不同冰点的防冻冷却液。这类防冻冷却液的优点是沸点高、冰点低、冷却效率高,已被广泛使用。

2. 乙二醇型防冻冷却液的牌号

乙二醇型防冻冷却液分为防冻冷却液和防冻浓缩液两大类。防冻冷却液按其冰点不同分为-25、-30、-35、-40、-45、-50 共 6 个牌号,可直接加入车中使用。防冻浓缩液是为了便于储运,使用时应根据产品说明书规定的比例,用蒸馏水或去离子水稀释,如防冻浓缩液与蒸馏水各以 50% 的比例混合,制成的防冻冷却液冰点不高于-37℃。

目前,我国进口量比较多的是日产 TCL 防冻液和美国壳牌防冻液,它们都随冷却液浓度的增加而冰点下降,使用时必须严格按照包装上各自的浓度配比使用。

3. 乙二醇型防冻冷却液的选用

乙二醇型防冻冷却液的牌号是按冰点来划分的,选用时应根据车辆使用地区冬季的最低气温来选择合适的牌号。一般选用的防冻冷却液的冰点应比最低气温低 10 ℃左右。

任务 2　冷却系主要部件的构造与维修

一、散热器的构造和检修

1. 散热器的构造

散热器主要由上贮水室、下贮水室和连接上、下水室和对冷却水起散热作用的散热器芯组成。上贮水室通过进水软管与缸盖上的出水管相通，下贮水室通过出水软管与水泵进水口相通。上贮水室上端设有加水口，并用散热器盖密封，下贮水室设有放水开关，必要时可将散热器内的冷却水放掉。散热器的结构示意图，如图7-7所示。

图7-7　散热器结构示意图

（1）散热器芯的组成

散热器芯常见的结构有两种：管片式和管带式，如图7-8所示。管片式散热器芯由许多冷却管和散热片组成，冷却管是冷却液的通道，多采用扁圆形断面，以增大散热面积，同时当管内冷却液冻结膨胀时，扁管可借助于其横断面变形而免于破裂。为了增强散热效果，在冷却管外面横向套装了很多散热片来增加散热面积，同时增加了整个散热器的刚度和强度。

管带式散热器芯采用冷却管与散热带相间排列的方式，散热带呈波纹状，其上开有形似百叶窗的缝隙，用来破坏空气流在散热带上的附面层，从而提高散热能力。这种散热器芯与管片式相比，散热能力强，制造工艺简单，质量小，成本低，在轿车上得到广泛应用，但刚度不如管片式好。

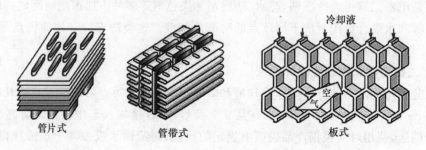

图7-8　散热芯结构示意图

（2）冷却系在散热器内的循环路线

发动机工作时，进入上贮水室的高温冷却水通过冷却管流向下贮水室的过程中，被从散热器芯缝隙中流过的空气流冷却，温度降低后重新又在水泵的抽吸下进入水套循环使用。

（3）横流式散热器

有些轿车发动机采用横流式散热器，贮水室位于散热器的两侧。在散热过程中水流横向流动。这种散热器高度较低，非常适合于发动机盖较低的轿车使用。

(4) 散热器材质

散热器要求用导热性好的材料(如黄铜)制成。近年来用铝材的也越来越多。有些发动机散热器冷却管、贮水室用黄铜制造,散热片则采用铝复锌带材料制成。

2. 散热器盖

(1) 散热器盖的结构

汽车发动机都采用闭式水冷系,这种水冷系广泛采用具有蒸气阀和空气阀的散热器盖。其结构如图7-9所示:蒸气阀在弹簧的作用下紧紧地压在加水口密封散热器,在蒸气阀中央设有空气阀,弹簧使其处于关闭状态。由于这两个阀门的作用,不但可以提高冷却水的沸点(达108~120 ℃)还可防止当散热器内水量减少或压力降低时冷却管被大气压瘪。

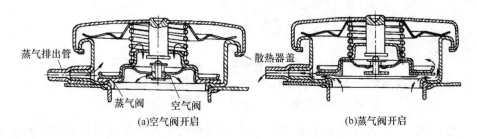

图7-9 具有空气蒸气阀的散热器盖

(2) 散热器盖的工作原理

当散热器内温度升高产生蒸气使压力升高到一定数值时(一般为0.026~0.037 MPa,某些轿车散热器盖可达0.1 MPa)蒸气阀打开,水蒸气从蒸气排出管排出,冷却水沸点的提高,就是因为冷却系内的压力升高所致。当散热器内因冷却水冷却温度下降而产生一定的真空度时(一般为0.01~0.02 MPa)空气阀被吸开,空气从蒸气排出管进入散热器内。

(3) 注意事项 当发动机处于热态时,打开散热器盖应缓慢小心,以防高温水气喷出将人烫伤。

3. 膨胀水箱

(1) 膨胀水箱的作用和结构

膨胀水箱除了具备对散热器内的冷却水起到自动补偿作用外,又同时具备及时将冷却系内的水气分离,避免"穴蚀"产生的功能。膨胀水箱2(图7-10)用透明塑料制成,位置稍高于散热器。膨胀水箱上端通过水套出气管4和散热器出气管1分别和缸盖水套及散热器上贮水室相通。膨胀水箱下端通过补充水管9和旁通管10相通。由于膨胀水箱位置稍高于散热器,因此膨胀水箱液面上方有一定的空间。

(2) 膨胀水箱的工作原理

发动机工作时,在散热器和水套内产生的蒸气通过出气管1和4进入膨胀水箱后冷凝成流体,及时做到了水气分离。冷凝后的冷却水通过补充水管9进入水泵。

4. 补偿水桶

(1) 防冻液补偿水桶的作用

目前,大多数发动机都采用了防冻液作为冷却液防冻。液冰点很低,可避免冬季使用中因结冰而导致散热器、缸体和缸盖被胀裂的现象。防冻液的沸点也要比水高,更有利于发动机的正常工作。为防止防冻液的损失,在冷却系设置了补偿水桶,对散热器内的防冻液起到

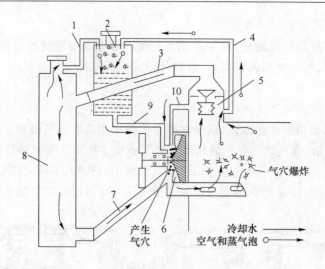

图 7-10 膨胀水箱示意图

1—散热器出气管；2—膨胀水箱；3—水套出水管；4—水套出气管；5—节温器；
6—水泵；7—水泵进水管；8—散热器；9—补充水管；10—旁通管

自动补偿的作用。补偿水桶设置于散热器一侧，通过橡胶水管与散热器加水口处的出气口相连。

(2) 补偿水桶的工作原理

当冷却液受热膨胀时，多余的防冻液通过橡胶水管进入补偿水桶；而当温度降低、散热器内产生真空时，补偿水桶内的防冻液及时返回散热器。补偿水桶上有两条刻线标记"GAO"（高）和"DI"（低），在水温 377 K 时，补偿水桶内的液面高度不得低于"DI"；室温时补偿水桶内的液面高度不应超过"GAO"，如图 7-11 所示。

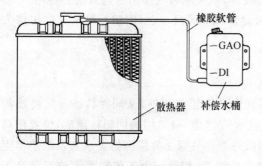

图 7-11 补偿水箱装置示意图

5. 散热器的检修

(1) 散热器的清洗

散热器在使用过程中，会因腐蚀和积垢等原因影响冷却效果。清洗散热器，去除水垢，是恢复散热器的散热能力的有效方法。清洗水垢采用化学法，即利用酸或碱类物质与水垢的化学反应，生成可溶于水的物质将水垢清除。清洗时，最好采用循环法，即先用酸性溶液洗涤，再用碱性溶液冲洗中和。清洗时，除垢剂以一定的压力（一般为 10 kPa）在气缸体水套或散热器内循环，一般经 3~5 min 后即可清洗完毕。

(2) 散热器渗漏的检验

将散热器进、出口堵死，在散热器内充入 50~100 kPa 压力的压缩空气，并将其浸泡在水中，检查有无气泡冒出，如发现渗漏部位，应做好记号，以便焊修。

(3) 散热器的修理

散热器的渗漏大多出现在散热管与上、下水室间的接触部位，渗漏不严重时，一般可用钎焊修复。散热管出现渗漏时，可采取局部封堵，封堵的散热管的数量不得超过管数总量的 10%，切断散热片的面积不得大于迎风总面积的 10%。

(4) 检查散热器盖与膨胀水箱

现代汽车发动机均采用密封式冷却系,冷却液能否在沸点以上不汽化,保持良好的导热、冷却能力,冷却系能否防止冷却液过量消耗,从而减轻水垢沉积速度,关键在于散热器盖和膨胀水箱的工作性能。散热器盖可用专用手动气泵检查:压力阀的开启压力应在73.5～103 kPa的范围内,真空阀的开启压力应在0.98～11.8 kPa。膨胀水箱应无渗漏、箱盖密封良好、通气孔畅通,否则就会破坏冷却液的回流,必须立即更换。

二、水泵的构造和检修

水泵的作用是对冷却液加压,强制冷却液在冷却系中循环流动。常见的水泵安装在发动机前端,由发动机曲轴通过三角皮带驱动,现代汽车发动机均采用离心式水泵,这种水泵结构简单、体积小、出水量大、维修方便,获得广泛应用。

1. 水泵的构造

离心式水泵由壳体、叶轮、水泵轴、轴承、水封等组成,桑塔纳轿车水泵的结构如图7-12所示。

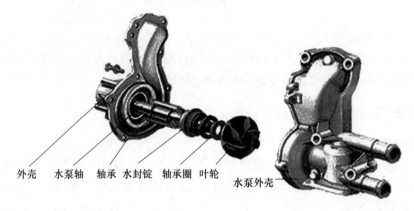

图7-12 水泵的结构

水泵外壳一般用螺栓固定在发动机前端。水泵轴由两个滚珠轴承支承在水泵外壳上。水泵轴的一端铣削成平面与水泵叶轮承孔相配合,并通过螺钉固紧,以防叶轮轴向窜动;水泵轴的另一端用半圆键与凸缘盘连接,并用槽形螺母锁紧。凸缘盘用来安装带轮。

桑塔纳2000GSi轿车AJR型发动机水泵与此有差别,一半壳体铸在缸体壁上,采用闭式叶轮。水泵叶轮用工程塑料压注成形,它装在双连轴承的一端,另一端泵轴轴头安装带轮,发动机通过V形带传动水泵叶轮旋转。

叶轮的前端为水封装置,它包括:带有两凸缘的夹布胶木密封垫圈卡于水泵外壳的两槽内,以防止转动。弹簧通过水封环将水封皮碗的一端压在水封座圈上,而另一端压向夹布胶木密封垫圈上;为了防止水泵内腔的水沿水泵轴向前渗漏,夹布胶木密封垫圈又压在水泵叶轮毂的端面上。当有少量的水滴由水封处渗出时,为避免破坏轴承的润滑,渗漏的水滴可从泄水孔泄出。

2. 水泵的工作原理

当发动机工作时带动水泵叶轮旋转,水泵中的水被叶轮带动一起旋转,在离心力的作用下向叶轮边缘甩出,经与叶轮成切线方向的出水管压送到发动机水套内。与此同时,叶轮中心处形成一定负压而将水从进水管吸入,如此连续地作用,使冷却液在水路中不断地循环,如图 7-13 所示。

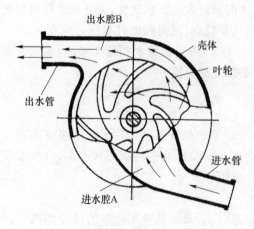

图 7-13　离心式水泵工作原理

3. 水泵的检修

发动机水泵常见的损坏形式为：水泵壳体、卡簧槽及叶轮破裂；带轮凸缘配合孔松动；水封变形、老化及损坏；泵轴磨损、轴承磨损松旷等。

(1) 检查水泵壳、卡簧槽是否破裂,如果裂纹较轻,则可根据情况实施焊补或用环氧树脂胶粘接。严重时应更换。工程塑料叶轮若有破损,必须更换。

(2) 凸缘孔若松旷,则应镶套后重新加工,必要时更换新件。水封一般应更换新件。轴承磨损超差应更换；泵轴可采用镀铬、喷涂修复,必要时更换新轴。

(3) 水泵装合后,首先用手转动皮带轮,泵轴转动应无卡滞现象；叶轮与泵壳应无碰擦感觉。然后在试验台上,按原厂规定进行压力——流量试验。当水泵轴转速为 1 000 r/min 时,每分钟的排水量不应低于规定的数值,在 10 min 的试验中不应出现金属摩擦声和漏水现象。

三、节温器

节温器的结构与原理

目前,大多数发动机采用蜡式节温器,安装于缸盖出水口处。根据发动机负荷大小及冷却液温度高低,控制冷却水通往散热器的流量,使冷却液温度保持在最适宜的范围内。

(1) 节温器的构造

节温器有蜡式和乙醚折叠式两种,目前汽车发动机上广泛采用的是蜡式节温器,因为它具有对水压影响不敏感、工作性能稳定、水流阻力小、结构坚固和使用寿命长等优点。

桑塔纳 2000GSi 轿车 AJR 发动机采用的是蜡式双阀型节温器,如图 7-14 所示。长方形的阀座与下支架铆接在一起,紧固在阀座上的中心杆的锥形下端插在橡胶管内。橡胶管与感温器体之间的空腔内充满特制的石蜡。常温下石蜡呈固态,当温度升高时,逐渐熔化,体积也随之增大,感温器体上部套装在主阀门上,下端则与副阀门铆接在一起。节温器安装在水泵下端,进水口的前部,用来控制水泵的进水。

(2) 节温器的工作原理

- 当冷却水温度低于 349 K(76 ℃)时,石蜡为固体,在弹簧的作用下,节温器外壳处于最上端位置,此时主阀门关闭,副阀门打开,来自发动机缸盖出水口的冷却水从副阀门进入小循环软管,经水泵又流回水套中,如图 7-15(a)所示。

- 当水温超过 359 K(86 ℃)时,主阀门全开,副阀门刚好关闭。从缸盖出水口流出的冷却水全部经主阀门进入散热器散热。此时,冷却水流动路线长、流量大、冷却强度增大,称为大循环。如图 7-15(b)所示。

- 当发动机冷却水温度达到 349 K(76 ℃)时,石蜡逐渐变成液态,体积膨胀,而产生推

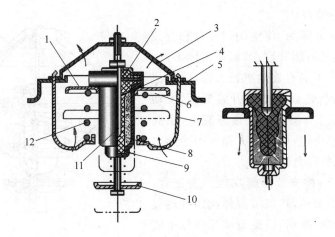

图 7-14 蜡式双阀节温器型示意图
1—主阀门；2—盖和密封垫；3—上支架；4—胶管；5—阀座；6—通气孔；7—下支架；
8—石蜡；9—感应体；10—旁通阀；11—中心杆；12—弹簧

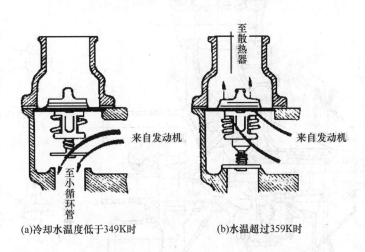

(a)冷却水温度低于349K时　　　　(b)水温超过359K时

图 7-15 蜡式节温器工作原理

力。由于节温器外壳为刚性件，石蜡迫使胶管收缩而对推杆锥状端头产生推力。因推杆固定于支架不能移动，其反推力迫使胶管、节温器外壳下移。这时主阀门开始打开，有部分却水经主阀门进入散热器散热，如图 7-16 所示。

- 当发动机内冷却水处于上述两种温度之间时，主阀门和副阀门均部分开放，故冷却水的大小循环同时存在，此时冷却水的循环称为混合循环。

发动机水温由高温状态下降时，液态石蜡逐渐恢复成固态。在弹簧的弹力作用下，节温器外壳逐渐上移，先将副阀门打开，温度下降至 349 K(76 ℃)以下时，主阀门关闭。

桑塔纳轿车发动机的蜡式节温器 7 安装于水泵下部，如图 7-17 所示。小循环水泵进水口 3 通过软管与缸盖出水口相通，水泵主进管 6 通过软管与散热器下水室相通。当冷却水温度低于 358 K(85 ℃)时，节温器阀门不打开，冷却水只能进行小循环；当冷却水温度高于 358 K(85 ℃)时，节温器阀门开始打开，冷却水大、小循环都进行；当冷却水温度达到 378 K(105 ℃)时，节温器阀门全部打开，只进行大循环。

（3）节温器的检查

节温器的常见故障为：使主阀门开启和全开时的温度过高，甚至不能开启；节温器关闭不严。前者将造成冷却水不能有效地进行大循环，致使发动机过热，后者将造成发动机升温缓慢，发动机过冷。此外，随着节温器性能逐渐衰退，主阀门的开度将逐渐减小，造成进入大循环的冷却水流量减少，冷却系将逐渐过热。

检查步骤如下：检查节温器功能是否正常，可将其置于热水中加热，观察节温器阀门开启温度和升程，如图 7-18 所示，将测量结果与标准值比较，如果不符合要求，应进行更换。

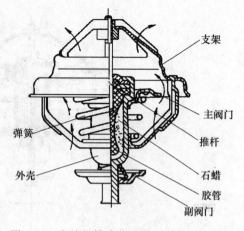

图 7-16 发动机蜡式节温器（主阀门打开时）

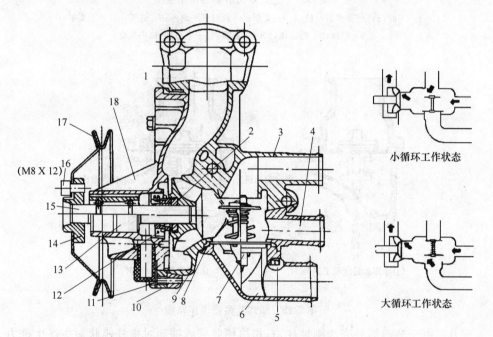

图 7-17 桑塔纳轿车水泵与节温器

1—密封垫；2—水泵叶轮；3—小循环水泵进水口；4—热交换器（暖气）回水进水门；5—进水管紧固螺栓；6—水泵主进水管；7—蜡式节温器；8—密封圈；9—水泵壳体；10—密封垫；11—水泵壳连接螺栓；12—水封；13—轴承；14—水泵轴凸缘；15—水泵轴；16—水泵带轮紧固螺栓；17—水泵带盘；18—水泵前壳体

四、冷却风扇

风扇安装在散热器后面，风扇旋转时，会产生轴向吸力，增加流过散热器的空气量，加速对流经散热器的冷却液的冷却，同时使发动机外壳及附件得到适当冷却。

1. 冷却风扇的构造

对于风扇来说，要求风量大，效率高，振动与噪声小，消耗发动机的功率少。

传统风扇一般采用钢板冲压而制成，和水泵同轴，与发电机一起同时由曲轴带轮通过V带驱动。一般将发电机支架做成可移动式，以调节V带的张紧度如图7-19所示。

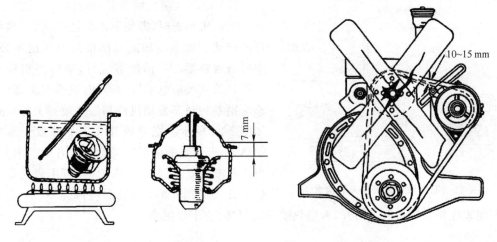

图7-18 节温器的检查　　　　图7-19 风扇的驱动

现代汽车发动机风扇通常采用合成树脂材料制成，以减少噪声，且广泛采用电动风扇，其特点是风扇不与水泵同轴，而由电动机驱动，并受冷却液温度作用的温度开关控制。发动机低温时风扇不转动，当发动机高温后风扇才转动，且某些发动机风扇有高、低两个挡位，由专门的电路控制，如图7-20所示。

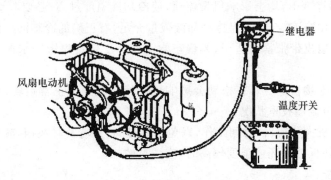

图7-20 电动风扇的结构

桑塔纳2000GSi轿车AJR发动机风扇的叶片为9片，外缘设计成一个圆环，将这9片叶片连在一起，两个冷却风扇分别由两个调速电动机带动，提高了风扇系统工作的可靠性。当冷却液温度为84～91 ℃时，风扇停转；当冷却液温度为92～97 ℃时风扇以2 300 r/min的低转速运转；当冷却液温度为99～105 ℃时，风扇以2 800 r/min的高转速运转；当冷却液温度为93～98 ℃时，风扇改为低转速运转。

2. 风扇的检修

（1）风扇叶片的检查

风扇叶片出现变形、弯曲、破损后，应及时更换。由于风扇连接板强度不足或其他原因，使风扇叶片向前弯曲或扭转变形，破坏了风扇叶片原设计的角度，使其丧失平衡性能，不但会影响通过散热器的空气流速和流量,降低了散热器的冷却能力,甚至打坏散热器,加速水泵轴承、水封的损坏,还会大幅度增大风扇的噪声。

(2) 电动风扇热敏开关的检修

发动机热态时,即使发动机已熄火,风扇仍可能转动。如果冷却液温度很高但风扇不转,应检查熔断器。若熔断器完好,则应停机检查温控开关和风扇电动机,必要时更换有关部件。桑塔纳系列轿车发动机冷却系热敏开关的检查如图 7-21 所示。把热敏开关拆下并放入水中加热,用万用表的电阻挡测量热敏开关的电阻。当冷却液温度达到 93～98 ℃时,万用表应指示热敏开关导通;当冷却液温度降至 84～91 ℃时,万用表应指示热敏开关断开,否则热敏开关损坏,应予以更换。

图 7-21 电动风扇热敏开关的检查图

任务 3　冷却系统维护

为保证发动机冷却系正常工作,防止发动机在大负荷工作时间过长。必须注意以下几点:

(1) 保持冷却系(尤其散热器)外部和内部清洁,是提高散热效能的重要条件。散热器外部沾有泥污或碰撞变形,均会影响风量流通,使冷却液温度过高,必要时清洗或修复。

(2) 按规定使用防冻冷却液,保持冷却液数量充足,有正确的冷却液液面高度。

(3) 应保持风扇皮带张紧力适当,风扇正常工作。皮带过松影响水循环,加剧其磨损;过紧易损坏轴承。

(4) 热敏开关连接良好。若有松动会影响风扇换挡变速及正常运转;如果发现冷却系溢水,应及时检查节温器技术状况。

(5) 防止发动机大负荷、长时间工作,以免水温过高;上坡及时换挡,减轻负荷。汽车长时间坡道行驶、挡住低或是环境温度较高时,应注意散热。

1. 更换冷却液

(1) 冷却液的排放

① 将仪表板上的暖风开关拨至右端,打开暖风控制阀。

② 在盖子上盖一块抹布,小心地旋开冷却水储液罐盖子。

③ 在发动机下放置一个干净的收集盘。

④ 松开卡箍,拔下散热器的下水管,放出冷却液。

(2) 冷却液的加注

储液罐上有两条刻线。当液面降到下刻线时,应及时补充。加注时按以下步骤进行:

① 加注冷却液至冷却液罐最高点标记处。

② 旋紧储液罐盖子。

③ 将发动机运转 5 min,再检查冷却液液面高度,使之达到上刻线。

④ 经常检查冷却液液面高度,必要时加注冷却液到最高标记处。

2. 冷却系统密封性检查

(1) 将发动机预热，打开散热器盖。在打开时可能会有蒸气喷出，必须在膨胀水箱盖上包上抹布小心地拧开。

(2) 将压力测试仪安装到散热器上。

(3) 使用手动真空泵产生约 0.1 MPa 的压力。

(4) 保持 10 s，并观察压力表。如果压力下降，应找出泄漏部位并排除故障。

3. 清除水垢

(1) 散热器的清洗

散热器为铜金属所制成，可先在 2%～3%苛性钠溶液中浸泡 8～10 小时，然后用热水冲洗几次，以洗净散热器内残余的碱质。因为碱对铜质散热管和散热片及钎焊焊缝具有强烈的腐蚀性，近年来，多采取酸洗法，酸洗法比碱洗的效率要高。

(2) 铝合金气缸盖或气缸体的清洗

铝金属不能用苛性钠溶液清洗，以免生成铝酸钠或氯化铝，使气缸盖或缸体遭受腐蚀。可在 1 升水中加入 100 克磷酸，然后再加入 50 克铬酸并搅拌。将溶液加热到 30 ℃，把要清洗的机件置于溶液中浸泡 30～60 分钟。从清洗槽中取出机件用清水冲洗，再置于 0.3%铬酸钾溶液 80～100 ℃中浸洗以防锈。

(3) 铸铁气缸体和气缸盖的清洗

将 8%～10%的盐酸溶液，添加缓蚀剂六亚甲基四胺 2～3 g。将气缸盖出水管中的节温器拆除，按技术要求将气缸盖装上气缸体并将螺栓按规定力矩拧紧，从出水管口加入清洗溶液（需先将气缸体的进水口封闭），然后将气缸体放入水槽中加热，加热温度保持在 60 ℃～70 ℃浸洗 1 小时。放出盐酸溶液后，再用清水按冷却系中冷盐水逆流方向清洗，冲出脱下的水垢等污物。然后再将 2%～3%的苛性钠溶液加入缸体水套中，并保留 10 分钟以中和残留在水套内的酸液。放出苛性钠溶液之后，用清水反复冲洗冷却系水道，直至水道内清洗液冲洗干净。

4. 冷却系统常见故障分析

1) 冷却液温度过高

运行中的汽车，冷却液温度表指针经常指在 100 ℃以上，且散热器伴随有"开锅"现象；燃烧室内出现"炽热点"，发动机熄火困难；汽油机易发生爆燃或早燃，柴油机易发生早燃使工作粗暴。出现这些现象，可判定发动机有冷却液温度过高的故障发生。

造成冷却液温度过高的原因及处理方法有：

(1) 冷却液不足。按规定补充冷却液。

(2) 风扇带松弛、沾油打滑或断裂。调整带的松紧度或更换带。

(3) 混合气过稀。调整混合气浓度。

(4) 水套和分水管积垢或堵塞。清理水套和分水管。

(5) 水泵工作性能不良。检修或更换水泵。

(6) 点火时间不当。调整点火提前角。

(7) 燃烧室内积炭过多。清洗燃烧室。

(8) 风扇离合器接合时间过晚或打滑。检修或更换风扇离合器。

(9) 散热器的进水管或出水管凹瘪。检修或更换散热器水管。

(10) 节温器主阀门不能打开或打开时间过迟。检修或更换节温器。

(11) 散热器内部水垢堵塞或外部过脏。清洗散热器。

(12) 百叶窗不能完全打开。抢修百叶窗及控制机构。

(13) 电动风扇性能不良。检修或更换电动风扇。

(14) 温控开关或冷却液温度传感器和控制器失效。检修或更换温控开关、冷却液温度传感器或控制器。

2) 冷却液温度过低

冬季运行的汽车,冷却液温度表和冷却液温度传感器技术状况完好的情况下,发动机达不到正常的工作温度;发动机动力不足,油耗增加。出现这些现象,可判定发动机有冷却液温度过低的故障发生。

造成冷却液温度过低的原因及处理方法有:

(1) 百叶窗关闭不严。检修百叶窗及控制机构。

(2) 风扇离合器接合过早。检修或更换风扇离合器。

(3) 温控开关闭合太早。检修或更换温控开关。

3) 冷却液消耗过多

冷却液消耗过多是指冷却液比正常情况下消耗过快的现象。其主要原因有冷却系内部渗漏,冷却系外部渗漏和散热器盖开启压力过低。通过目测检查外部有没有漏水的痕迹,确定有无外部渗漏;通过检查机油是否发白(乳化)或在发动机冷却液温度正常时排气是否冒白烟确定内部是否渗漏。此外还可用专用手动压力测试器进行就车检测。

封闭的冷却系统,只有在冷却液过热,温度超过其沸点时才会发生损耗。驾驶方式不当或冷却气流受到阻碍常会引起过热。一般引起过热的原因有:

(1) 冷却空气流量减少。如果散热器损坏、阻塞,或在散热器护栅上装了附加灯光,都会使冷却空气流量减少。

(2) 散热风扇不工作,或工作不正常。

(3) 车辆行驶在陡坡上挡位太低,或行驶在长坡上,或环境温度过高。

桑塔纳2000GSi型轿车AJR发动机冷却系常见故障及排除方法如表7-1所示。

表7-1 桑塔纳2000GSi型轿车AJR发动机冷却系常见故障及排除方法

故障现象	原因	排除方法
发动机过热	冷却系堵塞,缸体有水垢 水泵损坏 节温器失灵 温控开关失效 风扇电动机损坏 点火正时不准	清洗散热器和水套 修理或更换水泵 更换节温器 更换温控开关 修理或更换风扇电动机 调整点火正时
发动机温度过低	节温器失灵 气温太低	更换节温器 遮盖散热器

续 表

故障现象	原因	排除方法
冷却系泄漏	散热器泄漏 水管接头松脱或软管损坏 气缸垫泄漏 气缸盖或气缸体有裂纹	修理散热器 紧固接头或更换软管 拧紧气缸盖螺栓或更换缸垫 修理或更换气缸盖或气缸体
工作时有噪声	水泵轴承损坏 风扇叶片松脱或弯曲 风扇V带损坏	更换轴承总成 紧固、修理或更换叶片总成 更换风扇V带

项目八 发动机的装配和调试

 **本章概述**

大修后的汽车发动机各零部件及总成需要重新按照一定要求装合成发动机总成,装合后的发动机需进行磨合。装合并磨合后的发动机必须到达规定的技术标准才能交工,本章就发动机拆装工艺与磨合方面的相关知识进行介绍与讲解。

 教学目标

1. 了解发动机装配与调整的工作流程和相关技术要求。
2. 掌握发动机磨合的过程和相关的规范标准。
3. 了解发动机总成修理竣工技术条件。

任务1 发动机的装配与调整

一、装配与调整的前期准备

1. 场地准备
- 光线充足,具有防火措施,无干扰;
- 场地清洁、无尘、常温。

2. 设备、工量具、辅料准备

(1) 设备准备
- 准备装合用的发动机各零部件、总成一套;
- 发动机翻转架一台;
- 空气压缩机一台及清洁用气枪1支。

(2) 工量具准备
- 专用工具一套。
- 扭力扳手一支、厚薄规一支、铜棒一根、套头工具一套、一字批、百分表磁力表座、摇把或撬棒。

(3) 辅料准备
棉纱、发动机机油、更换用一次性垫片或密封圈、密封胶、电钻及螺栓取出器。

3. 数据及注意事项准备
相关维修手册或数据手册一本。
注意:发动机装配质量直接影响着发动机修理质量,因此发动机装配与调整必须按照技术要求进行。

4. 装配的基本要求

- 发动机在装配过程中,要做到工件不落地,工量具不落地和油渍不落地,并保持工作台、工件盘和工量具的清洁。
- 准备装合的零、部件及总成都要经过检验及试验,必须保证质量合格。
- 易损零件、紧固锁止件应全都换新,如气缸垫及其他衬垫、开口销、自锁螺母、弹簧垫圈等。
- 严格保持零件、润滑油道清洁。零件清洁净后应用压缩空气吹干,并在光洁面上涂一层机油,以防生锈。
- 不许互换的零件,应做好装配标记,以防错装。全部零件清洁、清点后应分类摆放整齐。
- 装配时,应在零件的配合表面和摩擦表面上涂抹发动机用机油,做好预润滑。
- 装配中所用的工量具应齐全、合格,应尽量使用专用器具装配。
- 装配过程中不得直接用手锤击打零件,必要时应垫上铜棒等。
- 各部紧固螺栓、螺母应按规定禁锢力矩、拧紧顺序和方法拧紧。

二、各总成的装配与调整

1. 曲轴飞轮组组装

(1) 前期准备

- 高压气清洁气缸体各个机油孔道、水道等。
- 缸筒检测。
- 缸体工作面检测。
- 曲轴磨损的检测。
- 曲轴弯曲检测。
- 轴瓦的选配:按基轴制选配轴瓦。
- 将修理、选配好的轴瓦,瓦盖、曲轴涂层机油按缸序排好。

(2) 组装工作

- 将气缸体倒置于发动机翻转架上(飞轮暂不装复)。
- 注意轴瓦的键槽、油孔对正后依缸序放入缸体上每道主轴承孔及轴瓦盖中;将曲轴平放至主轴承孔中,装复曲轴其他各主轴承盖。

注意:3 号主轴承为推力轴承,其两端有半圆止推环,定位开口必须朝向滑动轴承,各轴承不能互换,如图 8-1 所示。

- 安装曲轴前油封时,应在油封外圈和唇边涂上一层机油,使用专用工具 3083 压装到位。
- 分几次从中间到两边逐次拧紧各道主轴承盖螺栓。主轴承紧固螺栓拧紧力矩为 65 N·m,顺序由里向外,如图 8-2 所示。

特别说明:每紧一道,转动曲轴检查其转动情况。

- 检查曲轴轴向间隙。将曲轴撬向一端,用厚薄规检查第三道主轴承的轴向间隙(配合间隙)。新的轴承轴向间隙为 0.07~0.17 mm,磨损极限值为 0.25 mm。
- 装复曲轴前后油封衬垫及凸缘盖板。

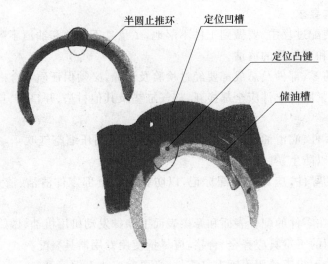

图 8-1　3 号轴承盖及其推力轴承

- 装复曲轴半圆键及正时带轮。
- 装复中间轴，装复气缸体前端中间轴凸轮轴的油封，用专用工具 VW10-203 安装中间轴密封圈，如图 8-3 所示。

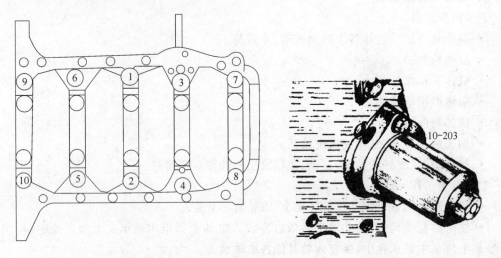

图 8-2　曲轴主轴承盖的安装顺序　　　图 8-3　安装中间轴密封圈

- 装复中间轴密封凸缘。装复同步带轮端(中间轴密封凸缘紧固螺栓拧紧力矩为 25 N·m,中间轴密封最大轴向间隙就应为 0.25 mm)。

2. 气缸盖组装

(1) 准备工作
- 组装台(木制或有橡胶软垫)1 台,修配好的气缸盖、气门组件及新的气门油封。装配气门专用工具一支。
- 检测气门与气门座圈的配合情况。
- 将各缸气门涂上机油并按缸序排放好。

(2) 组装工作
- 按缸序安装相应气门及气门油封。
- 安放气门座圈、内外弹簧,用专用工具压下气门弹簧,安放气门锁夹。
- 安装凸轮轴同步带轮,拧紧凸轮轴前端同步带轮的紧固螺栓。
- 安放液压挺杆总成,安放凸轮轴。
- 安放凸轮轴座盖,旋紧凸轮轴轴承盖的紧固螺栓。

3. 活塞连杆组组装

(1) 前期准备
- 活塞直径检查。
- 活塞环侧隙与活塞端隙检查。
- 连杆杆身检查。
- 连杆衬套检测。
- 将检验合格后的活塞、活塞环、连杆、涂有机油的活塞销、连杆衬瓦及盖、螺栓按照对应关系摆放好。
- 准备好 80~100 ℃的热水一盆,手套一副。

(2) 总成组装

① 组装活塞与连杆身
- 将活塞置入热水中 5 min 左右;
- 两人配合,一人将加热膨胀后的活塞持平,一人对齐活塞与连杆杆身上方向标记后将连杆小头置于活塞对应处;
- 将涂有机油的活塞销推入,锁上卡环。

② 组装活塞环找正环面方向
- 第一道环为镀铬环,第二道为镀锌环;
- 有字面朝上;
- 用专用工具依次将组合油环、第二道气环、第一道气环装入活塞环槽中。

③ 将选配好的轴瓦装入轴承盖中,将连杆盖与杆身对正方向标记后插入螺栓。

④ 依缸次将各缸活塞连杆组装并摆好。

三、发动机总装

1. 曲柄连杆机构组装与调整

(1) 准备工作
- 检查并清通连杆杆身油道。
- 将缸筒内壁、连杆瓦、连杆螺栓涂以机油。
- 调整好各道活塞环的切口角度:环口互错120°且错开做功时受力面及销口处。
- 将各活塞连杆组按缸序排放好。

(2) 组装工作
- 一人用活塞安装专用工具(图 8-4)夹固好活塞环,对正活塞前后方向后(图 8-5),水平从缸筒上口推入,另一人从缸体下口水平接稳并对正引向相关连杆轴颈。

图 8-4 活塞安装的专用工具　　　　图 8-5 组装中活塞的方向

- 一人用铜棒轻击推活塞顶部,使之与连杆轴颈配合。
- 将相应的轴承盖对正,前后方向装复,并按规定力矩及原则拧紧螺栓。连杆螺母为 M8×1,拧紧螺母时应在接触面涂上机油,用 30 N·m 的力拧紧后,再转动 180°。
- 转动曲轴,曲轴应转动轻便,如有阻滞,及时排除(注:有些机型有销,有销的必须用销锁止)。同法装复其他活塞连杆组。
- 检查连杆轴向间隙,轴向间隙磨损极限值为 0.37 mm。
- 装复机油泵。机油泵盖长螺栓拧紧力矩为 20 N·m,短螺栓拧紧力矩为 10 N·m。

2. 机体与缸盖的组装与调整

(1) 准备工作
- 高压气清洁气缸体和气缸盖油、水道。
- 清洁缸体螺栓孔,不得有存油、水,不得有污物。
- 清洁配合表面,不得有污物。
- 更换新的缸垫、进排气歧管垫、气门室罩垫及油封。

(2) 组装工作
- 将缸垫标有标记字样的一面朝向气缸盖放好,如图 8-6 所示。
- 安装气缸盖,使用专用工具 3070 定位导向螺栓旋入气缸体第 8 和第 10 孔内,如图 8-7 所示,安装气缸盖及另外几个螺栓,稍微拧紧。取出导向螺栓,补入另外两个螺栓。由里向外,优先考虑对角原则分四次拧紧螺栓,如图 8-7 所示。发动机冷态下气缸盖紧固螺栓拧紧力矩如表 8-1 所示。

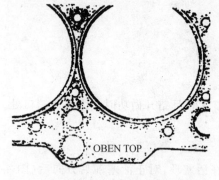
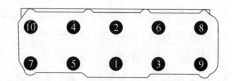

图 8-6 气缸垫的向上标记　　　　图 8-7 气缸盖螺栓的紧固顺序图

表 8-1 发动机冷态下气缸盖的紧固顺序与拧紧力矩

顺序	第1次	第2次	第3次	第4次
拧紧力矩(N·m)	40	60	75	再用扳手拧紧1/4圈

- 安装半圆塞,安装机油反射罩。
- 安放气门室罩密封垫及油封,必要时涂胶。安装气门室罩,安装压条与正时标记片,并按要求紧固螺栓,装复机油加注盖。
- 装复进排气歧管垫片,装复进排气歧管,并按规定拧紧力矩拧紧。
- 装复油底壳垫与壳,按要求拧紧螺栓(拧紧力矩 20 N·m)。

3. 对正时并安装正时带

- 转动曲轴使其 V 形带轮上的上止点记号和中间轴同步带轮上的记号对齐。
- 转动凸轮轴正时齿轮上标记与气缸盖上平面对齐(图 8-8)。
- 安装正时齿带;
- 调紧张紧轮至用手能将正时齿带拧转 90°(图 8-9)。
- 装复正时齿罩盖。

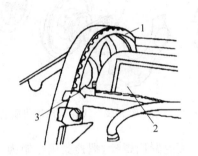 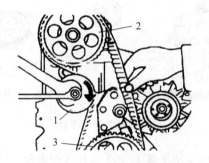

图 8-8 凸轮轴正时标记的对正图
1—凸轮轴同步带轮;2—气门罩盖;
3—对齐记号

图 8-9 调整同步带张紧度
1—张紧轮;2—凸轮轴同步带轮;
3—中间轴同步带轮

注意:因为燃烧室空间小及配气相位关系,在安放气缸盖时,曲轴切不可置于上止点位置;否则会损坏气门和活塞。这一点与 EQ6100 和 CA6102 机型不一样。

四、发动机主要附属件的装配

(1) 装复调整分电器
- 清洁配合表面。
- 装复垫片。
- 装复分电器,转动分电器壳体至分电凸轮对正第一缸旁电极。
- 拧紧紧固螺栓。
- 扣上分电器盖。

(2) 装复曲轴带轮,装复水泵及水泵 V 形带轮曲轴与水泵带轮紧固螺栓均为 20 N·m。

(3) 装复调整发电机,用手以 30~50 N 力下按皮带,其挠度为 10~15 mm 为宜,如图 8-10 所示。

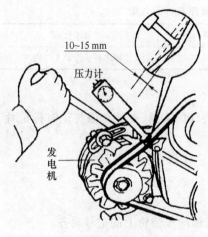

图 8-10　发电机皮带正时张紧度的调整

(4) 装复机油滤清器盖
- 机油滤清器盖紧固螺栓拧紧力矩为 25 N·m，装复机油压力开关，拧紧力矩为 25 N·m。
- 用专用工具安装滤清器，在密封圈上涂上干净的机油，用手轻轻拧进机油滤清器，直到感觉有阻力为止，再用专用工具重新拧紧机油滤清器 3/4 圈，如图 8-11 所示。

(5) 装复供油架及电喷嘴。
(6) 使用发动机小吊

将发动机从翻转架上取下，对正标记，装复飞轮。曲轴后端飞轮与附属装置的组装顺序如图 8-12 所示。

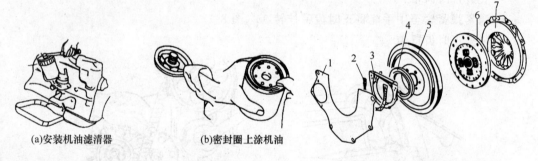

图 8-11　装复机油滤清器　　　图 8-12　飞轮与后端附属装置

- 使用专用工具 10-201 卡住飞轮齿圈。拧上飞轮紧固螺栓，螺栓紧固力矩为 75 N·m。安装飞轮时，螺栓上应涂 D6 防松胶。
- 安装飞轮内孔中滚针轴承：安装滚针轴承有字的一面向外，安装好后应清晰可见。安装时使用专用工具 VW207C。安装好后，滚针轴承外端面与飞轮安装孔外端面的距离为 1.5 mm。

(7) 装复起动机。

五、收拾场地及工装

- 将组装好的发动机摆放好。
- 将所用设备清洁复位。
- 清洁并检查所有工量具，收拾复位。
- 清理个人实训资料并收拾场地卫生。

任务 2　发动机的磨合

发动机装配完毕，需进行磨合及磨合过程中的调试、检验和维护才能装车出厂。出厂后，发动机还要经过一段"汽车走合"期，才能投入正常工作。大修的发动机，在磨合工序完成后还要测定发动机的最大功率、最大转矩和最低燃油消耗率,以判断发动机大修后的性能是否达到标准。

一、磨合的作用和过程

1. 磨合的作用

磨合是一个机械物理与化学作用的复杂过程,使摩擦表面性质从初始状态过渡到使用状态的过程。狭义指内燃机磨合的前阶段由外力拖动的冷磨合和自身启动热磨合;广义指包括整个负荷工况在内的正式运转前的磨合过程,甚至包括正式初期运转阶段。磨合的作用包括以下几个方面:

- 零件表面加工无论如何光洁精确,微观上也是粗糙不平的,宏观上也有锥度、椭圆和形位配合公差。
- 磨合前实际接触面积比名义上小得多,一般不会大于 40%～50%,有的只能达到 30%左右,形成接触点负荷集中、过载、产生高热,使润滑油膜破坏,引起烧蚀黏结;通过磨合,真实接触面积逐渐扩大,磨损减慢,逐渐过渡到正常稳定的磨损阶段。
- 磨合前,运动面上的凸凹互相接触和嵌入,若速度和负荷不合适,会出现剧烈摩擦、冲撞、金属撕裂等,造成表面损伤。
- 因装配质量引起的其他不良因素(划痕、磕碰等)。
- 发现装配中的缺陷,并及时予以排除。
- 装配清洁度及运转初期的磨屑需要清洗排除。

2. 磨合的过程

$$
\text{发动机磨合过程}\begin{cases}\text{发动机磨合}\begin{cases}\text{冷磨合(用外力驱动发动机运转)}\\\text{热磨合(发动机自行运转)}\begin{cases}\text{无载热磨合}\\\text{负载热磨合}\end{cases}\end{cases}\\\text{汽车走合}\end{cases}
$$

微观阶段磨合:冷磨合、无负荷及小负荷热磨合,主要在中低转速运转,每工况的磨合时间只需要 1～20 min,该阶段总的磨合时间为几分钟,最多 2 小时。一般出厂验收磨合或发动机正常寿命磨合的第一循环均属此类。

宏观阶段磨合:转速范围从低转速到额定转速,运转负荷较大,从低中负荷至全负荷,每工况磨合时间较长,该阶段总的时间为几个小时到几十个小时,磨合结束发动机各项指标(性能、机械损失功率、机油消耗、漏气)均趋于稳定。

正确的磨合在于保证摩擦表面最少损失的前提下尽快地磨合,使内燃机迅速进入负荷使用工况。磨合过程取决于磨合运转的负荷、运转工况,首要任务是选择,选择初始负荷以及分级加载值,这些数值既要保证没有擦伤,同时又要选得足够大,以便加快磨合。

二、磨合的规范

1. 出厂检验磨合规范

发动机在低、中转速运转,负荷应为冷拖磨合、无负荷或小负荷的热磨合。摩擦副表面粗糙度的磨损比较剧烈。该阶段磨合质量对发动机寿命有重要影响。

2. 正常寿命磨合规范

在完成低、中转速冷拖磨合、无负荷或小负荷热磨合后,又进行中高速及中大负荷的热磨合。它是在完成微观几何状的磨合后,对宏观几何形状进行一定程度的磨合。此规范磨合后,按正常工况运转使用已不影响发动机寿命,但发动机机械损失功率仍未达到稳定状态,性能指标仍未达到最佳值。该规范适用于只进行一般的生产监督性的性能抽检,对指标要求不严格的规范性试验,或可靠性试验前的磨合。

3. 性能试验磨合规范

发动机已基本完成了宏观几何形状的磨合。磨合后期应进行中高速乃至额定转速和全负荷磨合。磨合规范总时间为十几小时至几十小时,一般为 20~40 小时。磨合结束发动机的机械损失功率基本稳定,性能指标已达最佳值。该规范适用于复杂的性能试验、性能对比试验以及开发性试验前的磨合。

4. 零部件磨合规范

与转速有关与负荷无关零部件:包括配气机构和轮系的齿轮等,摩擦副多为点接触或线接触,接触应力较大,且多为飞溅润滑,所以磨合规范的重点是微观几何形状的磨合,重点考虑磨合规范的转速分布,各转速相应负荷均不大于 50%,磨合总时间几分钟至几小时,最多为 6 个小时左右。

雨转速和负荷均有关的零部件:主要是曲柄连杆机构,不但要完成微观几何形状的磨合,对宏观几何形状也要进行一定程度的磨合。规范中应包括中高速乃至额定转速,以及中大负荷及至全负荷的磨合,其中最难磨合的是轴颈与轴瓦的磨合,磨合时间需几小时、十几小时乃至几十小时。

三、磨合质量的评价

磨合质量的标志综合表现在内燃机全功率运行工况下,理论上出现的各种情况有:

(1) 摩擦件表面粗糙度已下降,真实接触面大大提高,其表面无加工痕迹,无划痕、擦伤、热变色等,表面相互作用产生的法向应力和切向应力均减小。

(2) 工作表面的磨损速率、摩擦系数和温度均稳定在较低水平上。

(3) 抗磨表层强度随层深增加,并呈正压力状态。

(4) 初始粗糙度消除,形成新的平衡显微凹凸面。

(5) 形成耐久的润滑油膜。

每章一练

1. 发动机组装工艺环节有哪些?
2. 为什么在组装前要做好充分的准备工作?
3. AFE 发动机做正时与 EQ6100 型有哪些区别?
4. 组装的过程是怎样的?
5. 组装过程中都哪些螺栓必须有扭矩?各为多少?
6. 什么是冷磨合、热磨合?冷磨合的工艺怎样?
7. 发动机修复后的技术标准有哪些?

项目九 发动机的故障判断与排除

本章概述

汽车发动机在使用过程中,其技术状况会随着发动机运转时间逐渐增加而渐渐变坏,这期间发动机会出现运转不良、起动困难,甚至不能起动等现象,这就是所谓的"发动机故障"。发动机由两大机构五大系统组成(柴油机是四大系统),发动机出现故障不外乎是一个或一个以上机构或系统出现故障所造成的。各个机构和主要系统的常见故障的判断与排除在前面各章中已有介绍,本章主要介绍,当发动机出现故障而不知道故障发生在哪个部位时,怎样通过正确的思路,简单、便捷的方法迅速找到发生故障的机构或系统,然后按前面几章所介绍各机构和系统的故障判断、排除方法去排除故障,恢复发动机正常工作。

教学目标

1. 了解发动机常见故障的类型和故障判断排除的一般规律。
2. 掌握发动机工作不正常时,先判断故障发生的系统,再确定故障发生部位的方法。

任务1 发动机一般故障的判断与排除

发动机常见故障的类型

发动机出现的故障,从性质上分一般有三类:
- 电路故障:主要是指发生在发动机起动系和点火系的故障。
- 油路故障:主要是指发生在燃料供给系的故障。
- 机械故障:主要是指发生在曲柄连杆机构和配气机构的故障。

汽油发动机点火系和燃料供给系故障均常见,而柴油机以燃料供给系故障为主。机械故障发生概率较小,但一旦出现往往是后果较严重的故障,其现象大多表现为发动机有异响,较难排除,发动机有时会有油、电路故障同时出现的情况,称油、电路综合故障,诊断较困难。

发动机一旦发生故障,在不能一下子确定是哪一类故障和故障发生部位时,应遵循故障排除的一般规律,即先电后油再机;先简后繁,避免盲目地乱查乱拆,把简单的故障排除变得复杂化,甚至原有故障尚未排除又人为地制造出新的故障。

一、先电后油再机

发动机常见故障中,电路故障较多,且电路故障检查比较方便,无须拆很多零部件,故一般在无法判断是电还是油路故障时,应先检查电路故障,在确定电路正常的情况下再检查是否是油路故障。机械故障一般较少发生,且检查时往往要将发动机解体,较为复杂,因此,一般在确定了电、油路均正常时,再检查是否机械故障。

二、先简后繁

先简后繁是指当已知故障是出在某一个机构或系统上,需进一步查明故障确切部位时,应先从该机构或系统容易检查的部位查起,如用眼睛可直接看到的部位或只需拆下很少零部件就能查看到的部位等,对在机构或系统内部的需拆卸很多零部件才能观察到的部位或虽然拆卸零部件不多但拆卸较困难的部位应放在最后查看。经常性的故障就是发生在很容易查看到的部位,很方便就能排除了,这就避免了一上来就拆卸机构或系统,既费时间又麻烦,还容易损坏机件,加大故障现象。

小锦囊

(1) 油路故障之——混合气过浓,既可能是空气滤清器堵塞造成,也有可能是化油器主供油装置空气量孔堵塞造成。前一个原因的检查只需取下空滤器,起动发动机,如过浓现象消除了,即是空滤器堵塞;而后一个原因则需要拆卸化油器来检查了,既麻烦,又容易损伤化油器衬垫,造成漏气,使发动机工作性能变差。

(2) 油路故障之——混合气过稀,既可能是浮子室油平面过低引起,也可能是进气歧管或化油器衬垫损坏造成漏气引起。前者只需观察一下油平面,如发现过低,用油平面调整螺钉调整一下即可;而后者则需拆卸化油器或进气歧管进行检查,非但复杂、麻烦,在热机状况下,还容易烫伤维修人员。

任务2 汽油发动机的一般故障判断与排除

汽油发动机油、电路故障较多,约占发动机所发生故障的一半以上,而且在很多情况下,油、电路故障同时出现且现象相似(如发动机加速不良),这时故障的判断与排除就较困难,但只要按着前面所述一般规律:先电后油再机和先简后繁的方法去检查,还是容易找到故障的发生部位的。本节以发动机运转不良和发动机起动困难或不能起动两种现象为例,来介绍判断、排除故障的基本方法。

一、发动机起动困难或不能起动

发动机能起动的基本条件是:起动系正常,点火系正常,燃油供给系正常,气缸压缩压力符合规定值等。上述系统中一个或多个条件出了故障,就会出现起动困难或不能起动现象。

1. 故障判断的一般程序

如图9-1所示,在检查过程中,应证实被检查机构或系统无故障后,再检查下一个机构或系统。

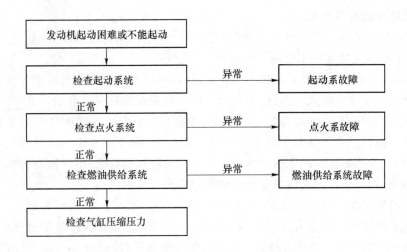

图 9-1 发动机起动困难或不能起动的故障检查程序

2. 起动系简易检查过程
- 接通起动开关,若起动机能很顺利地拖动发动机,并达到规定起动转速,即使发动机没能起动,也已证明起动系无故障,可对下一个系统点火系进行检查。
- 若起动机不能拖动发动机或拖动转速很低,达不到必需的起动转速,则说明起动系可能有故障,进一步确诊的方法是用推行汽车达到一定速度或用手摇柄手摇发动机起动的方法能够使发动机起动且运转正常,则可确定为起动系故障,可按起动系故障排除方法进行排故。

3. 点火系简易检查过程
- 接通起动开关,若起动机能拖动发动机达到规定的起动转速,但是发动机无起动征兆(发动机无着火、爆发声),则说明点火系有故障。
- 如果发动机有起动征兆,但起动困难,如起动后即出现化油器回火、排气管放炮或马上熄火,则可进一步用高压试火来确诊。
- 试火时,如火花强烈(呈蓝白色)和发出有节奏的"啪啪"跳火声,说明点火系无故障。
- 如果没有火花或火花微弱(呈红黄色)或跳火不规则,说明点火系有故障,可按点火系统故障排除方法进行排故。

点火系如无故障,可对下一个系统燃油供给系进行检查。

4. 燃料供给系简易检查过程

燃料供给系中来油不畅、断油等故障易造成发动机起动困难或不能起动。对燃油供给系的检查一般是:
- 检查化油器的油平面,从油平面观察孔检查浮子室内是否无油或油平面过低。
- 检查阻风门能否关闭,如阻风门不能关闭,则在冷起动时混合气过稀使起动困难。
- 检查化油器喷油情况,打开阻风门,用手模拟汽车加速状况,急开节气门数次,观察加速喷口是否有油喷出,如加速喷口不喷油或喷出的油束无力、量少,则说明供给系有故障,需按本书汽油机燃料供给系故障排除方法做进一步检查。

5. 机械故障的简易检查过程

由机械故障造成的起动困难或不能起动虽然较少,但有时也会发生,下述两种情况下的机械故障会引起发动机起动困难或不能起动。

- 起动时,起动机工作正常却拖不动发动机,用手摇柄起动方法也不能起动发动机,明显感到起动阻力很大,这就说明发动机的一些相对运动副配合不正常,如曲轴轴颈、连杆轴颈和轴承之间配合过小或咬死;活塞与气缸壁之间间隙过小或卡死等,这种情况一般发生在发动机在缺润滑油或冷却水的状况下工作了一段时间后,由于缺润滑油,一些相对运动副摩擦表面发生严重黏着磨损而咬死,由于缺冷却水,发动机工作温度过高,会使活塞因热膨胀量过大而卡死在气缸壁内。
- 起动机拖动发动机能达到起动转速,甚至还有起动征兆,但是不能起动。在排除了点火系和燃料供给系有故障的存在后,比较大的可能就是机械故障造成的发动机气缸压缩压力过低。由于压缩压力过低,在压缩终了时,燃烧室内压力、温度不够高,可燃混合气品质较差,使火花塞产生的火花不易点燃混合气,从而使发动机起动困难或不能起动。这种情况一般发生在发动机已使用较长时间、接近大修时间或报废时间时。此时,发动机相对运动件磨损量较大,如活塞与气缸壁之间间隙过大而漏气严重,使气缸压缩压力下降;气门关闭不严,气门导管与气门杆间隙过大,气缸垫损坏等机械故障也会造成压缩冲程时,密封性差而漏气严重,使气缸压缩压力下降。

二、发动机运转不良

汽油发动机运转不良主要是指发动机动力不足、怠速不良、发动机排气烟色不正常、异响和行驶中突然熄火等。造成上述不良运转现象的故障同样有电路故障、油路故障和机械故障三类。因此检查的一般规律仍然是先电后油再机和先简后繁。

1. 发动机动力不足的简易检查过程

(1) 现象

- 加速时,转速不易提高或响应不快;化油器有时"回火",或排气管冒黑烟。
- 重载高速行驶时无力,爬坡能力下降。

(2) 检查方法

- 行驶时若感到动力不足,可首先拉阻风门拉钮,如发动机动力无变化,则多为点火系统故障;如除动力不足,运转还不稳定,可能是某根高压分缸线或某缸火花塞不工作而造成个别缸不工作,如只是动力不足应检查高压火花是否弱,火花弱说明电容器性能不良断电器触点烧蚀,点火线圈性能不良,点火时间过迟等。
- 行驶时动力不足,拉动阻风门后,若发动机动力好转,其后又逐渐下降,是油路混合气过稀故障,若发动机动力明显下降,排气管还"放炮",是油路混合气过浓故障。
- 若混合气并不过浓,而排气管有"突突"响声,并有"放炮"和化油器"回火"声,可拉阻风门察听发动机运转情况,如明显好转,则可能是汽油中有水。
- 上述情况均良好,则应考虑是机械故障,多为气缸压缩压力过低。

2. 怠速不良的简易检查过程

(1) 现象

- 没有怠速。发动机起动后,加速踏板不能松,否则就熄火。

- 怠速不稳。怠速工况时,转速不稳定,忽高忽低,发动机抖动,容易熄火。
- 怠速过高。怠速工况时,转速明显偏高,如想调低即怠速不稳,甚至熄火。

(2) 检查方法

① 无怠速的检查方法如下:
- 先检查怠速截止阀是否正常工作。现代化油器一般都装有怠速截止阀,在点火开关关闭时,截止阀关闭封住怠速油道,点火开关打开,发动机工作时,截止阀应打开怠速油道。如打开点火开关,听不到截止阀工作时发出的"嗒"一下声响,表明阀已失效,怠速油道不通,当然就没有怠速了。
- 如怠速截止阀正常,则可能是怠速调整不当,可通过调整怠速两螺钉进行调整。
- 如不行,就要考虑是否是化油器上、中、下体密封衬垫和进气歧管衬垫处漏气,或节气门下方各真空管处漏气,漏气也是造成怠速偏高的主要原因(不能调太低,一低就熄火,成了无怠速了)。

② 怠速不稳的检查方法如下:
- 急踩加速踏板,若有"突爆声",说明点火过早而引起怠速不稳;若加速乏力,甚至有化油器"回火"现象,则说明点火过迟而引起怠速不稳。
- 如排除了点火故障,造成怠速不稳的主要原因大都是燃油供给系的故障了(怠速两螺钉调整不当,混合气过浓、过稀、进气管等衬垫漏气等)。
- 气门间隙过大、气缸压缩压力过低等机械故障,也会引起怠速不稳。

3. 发动机排气烟色不正常的简易检查过程

(1) 现象
- 排放黑烟或蓝烟。

(2) 检查方法

① 排放黑烟的检查:
- 检查高压火花是否弱,如火花弱造成燃烧不良而排放黑烟,断电器触点间隙过小,点火过迟,电容器工作不良等都会使高压火花弱。
- 混合气过浓使燃烧不完全,造成排放黑烟。浮子室油平面过高,空气滤清器堵塞,化油器空气量孔堵塞,都会使混合气过浓。

② 排放蓝烟的检查:
- 多为润滑油窜至燃烧室内引起,活塞环与气缸壁磨损严重,活塞环弹力不足,气门导管磨损或油封损坏,润滑油加注量过多等,都会使润滑油窜至燃烧室。

4. 行驶中发动机突然熄火的简易检查过程

(1) 现象
- 行驶中突然熄火。

(2) 检查方法
- 重新起动时,发动机能运转,但无着火征兆,一般是点火系统故障引起,可观察电流表,如不正常,则为点火系低压电路故障。如正常,则检查高压分线火花,如不正常,则为点火系高压电路故障,可能是点火线圈击穿、分电器盖破裂和分火头击穿等。如确定为点火系统故障,可按点火系统故障排除方法进行排故。
- 如不是电路故障引起的熄火,则多为燃油供给系的故障,可按燃料供给系故障排除方法进行排故。

- 重新起动时,发动机不能运转,且起动系统正常,则可能是发动机缺少润滑油,造成曲轴轴承、连杆轴承等发生严重黏着磨损而咬死,或缺少冷却水造成发动机过热,使活塞因热膨胀量过大而卡死在气缸内。

任务 3　柴油发动机的一般故障判断与排除

柴油机发动机和汽油发动机在结构上的主要不同之处是:一,柴油机无点火系;二,燃油供给系结构、组成完全不同。

柴油发动机出现故障时,其主要表现虽然也是发动机运转不良和发动机起动困难或不能起动,因为没有点火系,在排除了起动系故障和很少出现的机械故障后,出故障的主要系统就是燃油供给系。因此,在排除柴油发动机常见故障时,如起动系统正常,则不需先判断是电路还是油路故障,一般都是从燃油供给系中寻找故障原因。

一、发动机起动困难或不能起动

发动机起动困难或不能起动,简易的检查过程如下:

- 如起动时,发动机不能运转,或起动转速过低,则应先检查是否起动系故障。蓄电池电压过低,接线柱锈蚀或松动,起动继电器衔铁不能脱开等,均可能引起发动机起动困难或不能起动。
- 如起动系统工作正常,发动机仍不能起动,气缸压缩压力也符合标准,应从燃油供给系寻找故障。造成起动困难或不能起动最常见的故障是燃油供给系中有空气,喷油器堵塞。
- 如起动系工作正常,燃油供给系统工作也正常,而发动机仍不能起动,则可能是发动机咬死等机械故障。

二、发动机运转不良

柴油发动机运转不良主要指发动机动力不足,发动机工作粗暴,发动机超速失控(俗称"飞车"),排气烟色不正常等。

造成发动机运转不良的主要原因也是燃油供给系的故障,最常见的是喷油泵和调速器故障,所以要经常将喷油泵(连调速器)送专业的喷油泵维修、调试企业进行维护、调整。

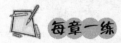
每章一练

1. 叙述发动机常见故障的类型和主要发生系统。
2. 发动机常见故障的一般规律是什么?
3. 简述汽油发动机起动困难或不能起动故障的判断程序。
4. 汽油发动机的运转不良有哪些现象?
5. 柴油发动机的运转不良主要有哪些现象?

项目十 新能源汽车

新能源汽车是由传统内燃机车发展而来的,因而在构造上有相似之处,如气体燃料汽车,也有完全不同之处,像纯电动汽车。本章主要讲解新能源汽车的定义,分类及其与传统内燃机车的异同点。

1. 了解新能源汽车的定义、分类及发展。
2. 掌握不同类型新能源汽车的构造、特点及工作原理。
3. 了解其他新能源汽车。

任务1 认识新能源汽车

一、新能源汽车的定义

我国 2009 年 7 月 1 日正式实施了《新能源汽车生产企业及产品准入管理规则》,明确指出:新能源汽车是指采用非常规的车用燃料作为动力来源(或使用常规的车用燃料、采用新型车载动力装置),综合车辆的动力控制和驱动方面的先进技术,形成的技术原理先进、具有新技术、新结构的汽车。

非常规的车用燃料除汽油、柴油、天然气、液化石油气、乙醇汽油、甲醇等之外的燃料。

二、新能源汽车的分类

1. 纯电动汽车

纯电动汽车(简称 EV 或 BEV)是以蓄电池为储能单元,以电动机为驱动系统的车辆。如图 10-1、图 10-2 所示。

图 10-1 比亚迪 e6

图 10-2 目前国外主流电动汽车特斯拉

2. 增程式电动汽车

增程式电动汽车（简称 EREV）是配有地面充电和车载供电功能的电动汽车，其运行模式可根据需要处于纯电动模式、增程模式或混合动力模式，是介于纯电动汽车和混合动力汽车之间的过渡车型，也被称为插电式串联混合动力电动汽车，如图 10-3 所示。

3. 混合动力汽车

混合动力汽车（简称 HEV）是驱动系统由两个或多个能同时运转的单个驱动系统联合组成的车辆，车辆的行驶功率依据其行驶状态由单个或多个驱动系统共同提供。因各个组成部件、布置方式和控制策略的不同，混合动力汽车有多种形式。

混合动力汽车一般分为常规混合动力电动汽车和插电式混合动力汽车，如图 10-4 所示。

图 10-3 雪佛兰增程式电动车沃蓝达

图 10-4 丰田普锐斯混合动力电动汽车

图 10-5 荣威 750 燃料电池电动汽车

4. 燃料电池汽车

燃料电池汽车是通过电化学反应将燃料电池的化学能直接转变为电能的高效率发电装置的汽车。是纯电动汽车的一种，主要区别在于动力电池的工作原理不同，如图 10-5 所示。

燃料电池所需的还原剂一般采用氢气，氧化剂采用氧气，生成物是清洁的水，是真正的零污染。燃料电池能量转换效率高达 60%～80%，只要不断地供给燃料，就不断地把化学能转变为电能，解决了蓄电池一次充电续驶里程短的问题。缺点是燃料电池成本过高，而且燃料的储存和运输按照目前的技术条件来说非常困难。

5. 其他新能源汽车

其他新能源汽车类型很多，没有统一标准。生物燃料汽车、氢发动机汽车、太阳能汽车及使用超级电容器、飞轮等高效储能器的汽车都属于新能源汽车。有人把天然气汽车、液化石油气汽车、乙醇燃料汽车、甲醇燃料汽车等也划分为新能源汽车，如图 10-6、图 10-7 所示。

图 10-6 太阳能汽车

图 10-7 氢动力汽车

电容车在一个站点充电 30 秒至 1 分钟后，开空调车可以连续运行 3 公里，不开空调则可以坚持行驶 5 公里，最高时速可达 44 公里。11 路共有 10 个站点，总长 5 公里多。理论上讲，在不开空调情况下，电容车即使只在终点站充电，基本上一圈都可以坚持下来。但为了防止由于堵车等导致电力不足，10 个站点中有 7 个设立了充电站。如图 10-8 所示。

超级电容车除了能兼顾环保和景观，运营成本的优势也比较明显。据测算，以百公里燃料消耗成本计算，柴油车约为 220 元，天然气车约为 140 元，电容车则只需 70 元左右。一辆超级电容车的造价在 80 万元左右，其中包含了科研开发费用。市公交协会有关负责人表示，电容车一旦转化为产品，造价可以降到每辆 65 万元。

超级电容有轨电车如图 10-9 所示，与传统有轨电车外观相较，这辆城市"绿火车"全程采用无架空接触网运行，头顶上不再有"大辫子"。电车动力由 9500 法拉超级电容提供，可实现车辆在车站台区内 30 秒快充，充电一次可运行 3 至 5 公里。电车制动过程中，还能将 85% 以上的制动能量回收反馈至超级电容中，实现能量循环利用。

图 10-8　上海 11 路超级电容汽车　　　图 10-9　中国第一辆超级电容有轨电车

三、发展新能源汽车的必要性

1. 能源紧缺

全球汽车保有量已突破 10 亿辆，2001 年汽车上使用的汽油、柴油等石油燃料，约占全球石油消耗的 57%。按 2008 年全球石油探明储量和开采量计，可用年限约 42 年，汽车面临能源紧缺的严重问题。

我国 2009 年原油对外依靠度为 51.2%。如按图 10-10 我国未来所需燃油预测情况看。十几二十年后，我国汽车的普及率完全可能接近发达国家的水平。如果按欧洲的一半，即每千人 300 辆计算，总保有量就是 4.5 亿辆。按每辆汽车年消耗燃油 1 吨计（目前欧洲的水平 1.5 吨，日本 1 吨，中国 2.2 吨），4.5 亿辆车需要 4.5 亿吨燃油。有关专家预测，2020 年国内的石油年产量可达到 1.8 亿吨，如进口 2.7 亿吨，共计 4.5 亿吨。如其中 2/3 给汽车用，炼成燃油约 2 亿吨。2020 年以后石油产量继续增长的可能性较小。汽车燃油需求存在巨大缺口。

2. 汽车工业发展也面临二氧化碳减排的巨大压力

（1）环境污染

燃油汽车在行驶过程中会产生大量的有害气体，不但污染环境，还大大地影响人类健康。汽车尾气排放的主要污染物为一氧化碳（CO）、碳氢化合物（HC）、氮氧化物（NOX）、铅（Pb）、细微颗粒物及硫化物等。这些一次污染物还会通过大气化学反应生成光化学烟雾、酸沉降等二次污染物。全球大气污染 42% 源于交通车辆产生的污染。随着城市机动车数量的快速增长，机动车排气污染已成为城市大气污染的主要贡献者。

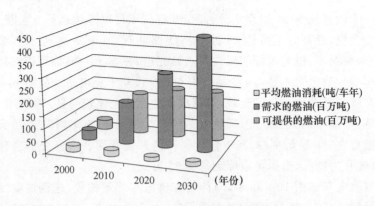

图 10-10 我国未来所需燃油预测

一些城市机动车排放的污染物对多项大气污染指标的贡献率已达到 70%。机动车排放污染已对城市大气污染构成了严重威胁。因此,必须研究改善城市机动车排放污染的对策和措施。

(2) 气候变暖

能源的大量消耗带来温室气体排放问题。二氧化碳是全球最重要的温室气体,是造成气候变化的主要原因,而它主要来自化石燃料的燃烧。

据世界上许多科学家预测,未来 50～100 年人类将完全进入一个变暖的世界。由于人类活动的影响,温室气体和硫化物气溶胶的浓度增加过快,未来 100 年全球平均地表温度将上升 1.4～5.8 ℃,到 2050 年我国平均气温将上升 2.2 ℃。

气候变化风险加剧。交通领域二氧化碳排放成为关注重点。据 IEA 估计,汽车二氧化碳总排放量将从 1990 年的 29 亿吨增加到 2020 年的 60 亿吨。汽车对地球环境造成了巨大影响。

(3) 减排压力

2009 年 9 月胡锦涛主席在联合国气候变化峰会上承诺,中国 5 年减排 15 亿吨 CO_2;中国政府承诺 2020 年单位 GDP 二氧化碳排放比 2005 年下降 40%～45%。

发达国家汽车行业 CO_2 排放量约占总排放量 25%,欧洲和日本 2020 年汽车 CO_2 排放目标分别为 95 g/km 和 115.5 g/km。我国在售轿车百公里油耗平均 8.06 升,相当汽车每公里二氧化碳排放量为 161.2 g。

3. 汽油机汽车与电动汽车能量利用效率比较(表 10-1)

表 10-1 汽油机汽车与电动汽车能量利用效率比较

车辆类别/能量转换效率	WTT	TTW	WTW
汽油机汽车	85% (75%)	17.9%T (18.9%)	15% (14.2%)
电动汽车	42% (38.1%)	67% (60%)	28% (22.9%)

注 1:( )内为我国数据。

注 2:WTT 为从石油转变为汽油的能量转换效率(汽油机);从燃煤或核能转变为电池的能量转换效率(电动汽车)。

注 3:TTW 为从汽油转变为汽车推动力的能量转换效率(汽油机);从充入汽车的电能变为汽车推动力的能量转换效率(电动汽车)。

注 4:WTW 最终能量转换效率。

4. 世界新能源汽车发展战略(表 10-2)

表 10-2　世界新能源汽车发展战略

车辆类别	发展状况
BEV	纯电动汽车采用高性能锂离子电池和一体化电力驱动系统等各种高新技术,性价比得到提高,且呈现"小型化"趋势,众多汽车公司加快新一代纯电动汽车上市步伐。纯电动汽车推广规模已达 2 万辆。
HEV	混合动力汽车技术不断优化提升,节油率最高达到 40% 以上,混合动力汽车全球销量近 200 万辆,已经实现商业化,插电式混合动力汽车成为研发与产业化的热点。
FCEV	燃料电池汽车在可靠性和成本控制等方面取得了长足的进步,示范考核更加深入,全球投入商业化示范运行的燃料电池汽车数量累计超过 800 辆。

5. 各国发展战略及政策动向—战略基点(表 10-3)

2015 年全球电动汽车(纯电动和插电式混合动力乘用车)销量骤增到 54.9 万辆。

表 10-3　各国发展战略及政策动向

国别	战略基点	销量及排名
中国	1. 纯电动汽车由于在使用阶段零排放,是解决我国汽车能源和环境问题的根本途径。 2. 国内外统计资料表明,多数私人汽车日行驶里程在 50~70 公里之内,合理考虑电动汽车的市场定位,决定了电动汽车进入市场的进程。 3. 小型化、轻量化、廉价化、电池模块标准化等是电动汽车的设计考虑的方向。 4. 增程式电动汽车是解除消费者对续驶里程短的顾虑的途径。 5. 需要解决充电基础设施,电动汽车普及需要一个逐步的过程,成功的示范与政府的组织与政策支持起关键作用。	2016 年电动车共计销售 18.876 2 万辆,第一名为比亚迪秦 31 898 辆,第二名康迪熊猫 EV20390 辆,第三名比亚迪唐 18 375 辆。
美国	1. 提出 2015 年普及 100 万辆 PHEV 的目标;出台对 PHEV 的税收优惠:2 500~15 000 美元/台 PHEV。 2. 安排 24 亿美元支持 PHEV 研发与产业化,对锂离子动力电池研发与生产的支持资金占 15 亿美元。	2016 年,电动汽车、插电式混合动力汽车共计 11.5 万余辆,销量第一名为特斯拉 Models 共计 23 518 辆 第二名为日产聆风,17 269 万辆,第三名雪佛兰沃蓝达 15 393 辆。
欧盟	欧盟将发放 70 亿欧元贷款支持制造商生产清洁与节能汽车。 德国政府提出 2020 普及 100 万辆 BEV 和 PHEV 的目标,制定了 14 亿欧元的国家创新计划(氢燃料电池汽车)与 5 亿欧元的电动汽车示范计划。 英国颁布未来五年的电动汽车计划,购买 BEV 和 PHEV 奖励 2 000~5 000 英镑。	2016 年欧盟各国销量排行 1. 挪威:34 336 辆,第一名大众 E-volf;第二名特斯拉 Models;第三名日产聆风。 2. 英国:28 188 辆,第一名三菱欧蓝德 PHEV;第二名日产聆风;第三名宝马 i3。 3. 法国:27 081 辆,第一名雷诺 Zoe;第二名 KanggooZE 第三名日产聆风。

续表

国别	战略基点	销量及排名
日本	1. 2009年提出了"低碳革命"计划，发展电动汽车是该计划核心内容之一。 2. 经产省安排245亿日元用于下一代汽车电池的开发(2007—2011财年)，安排210亿日元针对电池创新的先进基础科学研究(2009—2015财年)。 3. 加大对纯电动汽车、混合动力车、清洁柴油车、天然气车以及获得认定的低排放且燃油消耗量低的车辆的税收优惠力度。	2016年共计销售25 328辆，第一名为三菱欧蓝德PHEV，共计10 996辆，第二名日产聆风，9 057辆，第三名丰田普锐斯1 436辆。

任务2 不同类型新能源汽车

一、纯电动汽车

纯电动汽车是以车载电源为动力，用电动机驱动车轮行驶的车辆。一般采用高效率充电蓄电池为动力源。电动机相当于传统汽车的发动机，蓄电池相当于原来的油箱，电能是二次能源，可以来源于风能、水能、热能、太阳能等多种方式。

纯电动汽车可分为两种类型，即用纯蓄电池作为动力源的纯电动汽车和装有辅助动力源的纯电动汽车。

1. 用纯蓄电池作为动力源的纯电动汽车

用单一蓄电池作为动力源的纯电动汽车，只装置了蓄电池组，它的电力和动力传输系统如图10-11所示。

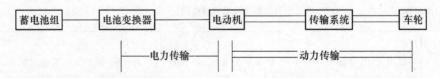

图10-11 用单一蓄电池作为动力源的纯电动汽车电力与动力传输系统

2. 装有辅助动力源的纯电动汽车

用单一蓄电池作为动力源的纯电动汽车，蓄电池的比能量和比功率较低，蓄电池组的质量和体积较大。因此，在某些纯电动汽车上增加辅助动力源，如超级电容器、发电机组、太阳能等，由此改善纯电动汽车的启动性能和增加续驶里程，电力和动力传输系统，如图10-12所示。

3. 纯电动汽车的结构原理

如图10-13所示，纯电动汽车电力驱动控制系统的组成由三大电和六小电组成。

三大电：电池与管理系统、电动机与控制器、整车控制器。

六小电：车载充电机、DC/DC转换器、空调与加热器、仪表系统、转向电动机、制动助力真空泵电动机。

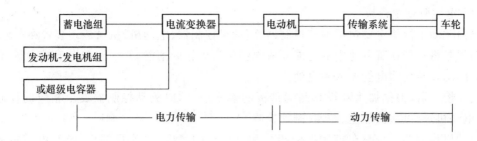

图 10-12 装有辅助动力源纯电动汽车电力与动力传输系统

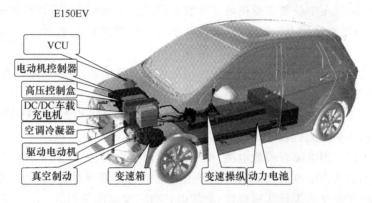

图 10-13 北汽 EV150 驱动控制及动力系统实物图

电力驱动控制系统的组成与工作原理如图 10-14 所示,它由电力驱动主模块、车载电源模块和辅助模块三大部分组成。

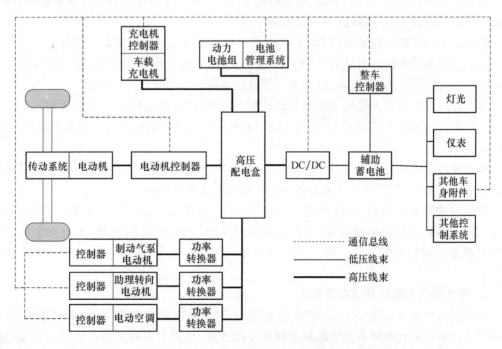

图 10-14 北汽 EV150 电力驱动控制系统的组成及工作原理

(1) 电力驱动主模块

电力驱动主模块主要包括整车控制器、电动机控制器、电动机、机械传动装置和车轮等。它的功用是将存储在蓄电池中的电能高效地转化为车轮的动能，并能够在汽车减速制动时，将车轮的动能转化为电能充入蓄电池。

整车控制器，根据加速踏板和制动踏板的输入信号，向驱动控制器发出相应的控制指令，对电动机进行启动、加速、减速、制动控制。

电动机控制器是按整车控制器的指令和电动机的速度、电流反馈信号，对电动机的速度、驱动转矩和旋转方向进行控制。驱动控制器必须和电动机配套使用。

电动机在电动汽车中被要求承担电动和发电的双重功能，即在正常行驶时发挥其主要的电动机功能，将电能转化为机械能；在减速和下坡滑行时工作发电状态，将车轮的惯性动能转化为电能。

机械传动装置是将电动机的驱动转矩传输给汽车的驱动轴，从而带动汽车车轮行驶。

(2) 车载电源模块

电源模块主要包括动力电池组、电池管理系统、车载充电机和充电控制器等。它的功用是向电动机提供驱动电能、监测电源使用情况以及控制充电机向蓄电池充电。

纯电动汽车的常用电源有铅酸电池、镍镉电池、镍氢电池、锂离子电池等。

纯电动汽车的动力电池及其能量在管理主要是指电池管理系统，它的主要功用是对电动汽车用电池单体及整组进行实时监控、充放电、巡检、温度监测等。

充电控制器是把交流电转化为相应电压的直流电，并按要求控制其电流。

(3) 辅助模块

辅助系统主要包括辅助动力源、动力转向系统、驾驶室显示操纵台和各种辅助装置等。辅助系统除辅助动力源外，依据不同车型而不同。

辅助动力源主要由辅助电源和 DC/DC 功率转换器组成，其功用是供给电动汽车其他各种辅助装置所需要的动力电源，一般为 12 V 或 24 V 的直流低压电源，它主要给动力转向、制动力调节控制、照明、空调、电动窗门等各种辅助装置提供所需的能源。

动力转向系统是为实现汽车的转弯而设置的，它由转向盘、转向器、转向机构和转向轮等成。作用在转向盘上的控制力，通过转向器和转向机构使转向轮偏转一定的角度，实现汽车的转向。

驾驶室显示操纵台类同于传统汽车驾驶室的仪表盘，不过其功能根据电动汽车驱动的控制特点有所增减，其信息指示更多地选用数字或液晶屏幕显示。

辅助装置主要有照明、各种声光信号装置、车载音箱设备、空调、刮水器、风窗除霜清洗器、电动门窗、电控玻璃升降器、电控后视镜调节器、电动座椅调节器、车身安全防护装置控制器等。它们主要是为提高汽车的操控性、舒适性、安全性而设置的，根据需要进行选用。

4. 纯电动汽车驱动系统布置形式

电动汽车的驱动系统是电动汽车的核心部分，其性能决定着电动汽车运行性能的好坏。电动汽车的驱动系统布置取决于电机驱动系统的方式，可以有多种多样。常见的驱动系统布置形式如图 10-15 所示。

(1) 传统的驱动模式。图 10-15(a)与传统汽车驱动系统的布置方式一致，带有变速器和离合器,只是将发动机换成电动机,属于改造型电动汽车。这种布置可以提高电动汽车的起动转矩,增加低速时电动汽车的后备功率。

(2) 电动机—驱动桥组合式驱动模式。图10-15(b)和图10-15(c)取消了离合器和变速器,但具有减速差速机构,由1台电动机驱动两车轮旋转。优点是可以继续沿用当前发动机汽车中的动力传动装置,只需要一组电动机和逆变器。这种方式对电动机的要求较高,不仅要求电动机具有较高的起动转矩,而且要求具有较大的后备功率,以保证电动汽车的起动、爬坡、加速超车等动力性。

(3) 电动机—驱动桥整体式驱动模式。图10-15(d)是将电动机装到驱动轴上,直接由电动机实现变速和差速转换。这种传动方式同样对电动机有较高的要求,大起动转矩和后备功率,不仅要求控制系统有较高的控制精度,而且要具备良好的可靠性,从而保证电动汽车行驶的安全、平稳。

(4) 轮毂电机驱动模式。图10-15(e)和图10-15(f)同图10-15(d)布置方式比较接近,将电动机直接装到了驱动轮上,由电动机直接驱动车轮行驶。

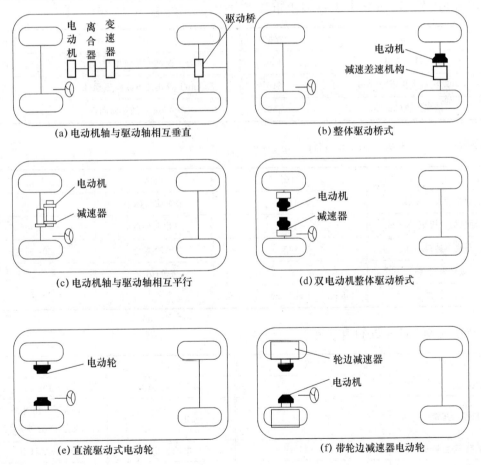

图10-15 驱动系统布置形式

5. 纯电动汽车的特点

(1) 无污染,噪声低。纯电动汽车不产生排气污染,电动汽车无内燃机产生的噪声,电动机噪声小。

（2）能源效率高，多样化。从表10-1中可知电动汽车的能源效率已超过汽油机汽车，特别是在城市运行。电动汽车在制动过程中，电动机工作在发电状态，实现制动、减速时能量的再利用。

另一方面，电动汽车的应用可有效地减少对石油资源的依赖，如果夜间向蓄电池充电，还可以避开用电高峰，有利于电网均衡负荷，降低费用。

（3）结构简单，使用维修方便。电动汽车较内燃机汽车结构简单，运转、传动部件少，维修保养工作量小，当采用交流感应电动机时，电动机无须保养维护，更重要的是电动汽车易操纵。

（4）动力电源使用成本高，续驶里程短。目前电动汽车尚不如内燃机汽车技术完善，尤其是动力电池的寿命短，使用成本高。电池的储能量小，续驶里程不理想，价格较贵。但随着电动汽车技术的发展，电动汽车存在的缺点会逐步得到解决。

6. 技术指标

三款电动车的技术指标如下。

比亚迪"秦"：2016年3月13日上市。

类别	数据	类别	数据
电动机最大功率(kW)	160	综合工况纯电续航里程(km)	300
电动机最大扭矩(N·m)	310	60 km/h等速纯电续航里程(km)	350
最高车速(km/h)	150	0~100 km/h加速时间(s)	7.9

雪佛兰·沃蓝达：2015年1月上市。

类别	数据	类别	数据
电动机最大功率(kW)	163	整车质量(kg)	1 700
电动机最大扭矩(N·m)	126	充电时间(h)	6.5
最高车速(km/h)	145	电池类型	360v锂电
续航里程(km)	80	售价(万元)	33~54.8
外形尺寸	4 498 mm×1 787 mm×1 439 mm		

特斯拉 Model S：2014年上市。

类别	数据	类别	数据
电动机最大功率(kW)	222~310	整车质量(kg)	2 108 kg
电动机最大扭矩(N·m)	440~600	充电时间(h)	慢充7~10小时/快充45分钟80%
最高车速(km/h)	190~210	电池类型	360 V锂电
续航里程(km)	390~502	售价(万元)	64.80~85.25万
外形尺寸	4 978 mm×1 964 mm×1 435 mm		

二、增程式电动汽车

增程式电动汽车本身是一种串联式混合动力电动汽车,其设计理念在于通过在纯电动汽车力传动系的基础上,增加一个增程器(通常为小功率的发动机—发电机组或燃料电池发电系统等),拓展动力电池组一次充电续驶里程,满足日常行驶的需要。解决了纯电动汽车的能量补给的问题,消除了人们驾驶纯电动汽车的里程恐惧。

1. 增程式电动汽车结构

增程式电动汽车结构图,如图 10-16 所示,其中粗线表示机械连接,细线表示电气连接,虚线为 CAN 总线。

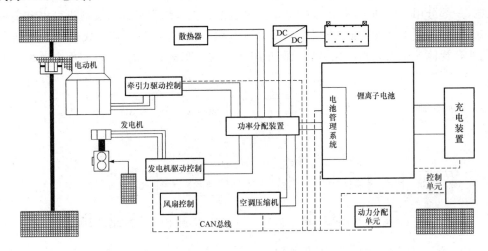

图 10-16　增程式电动汽车结构图

增程式电动汽车由电驱动系统、发动机/发电机组和功率分配器等组成。增程器只能提供电能,用来驱动电动机或为动力电池充电,增加电动汽车的行驶里程。

增程式电动汽车发动机到电动机之间没有机械连接,而是通过发电装置将燃油的化学能转变为电能,通过发电机驱动控制器到达功率分配器,根据工况做出牵引力驱动控制的功率分配。

发动机/发电机组和发电机驱动控制器装置共同组成了一个增程器控制系统,该系统与车轮是分离的,发动机的转速和转矩与车速和牵引转矩的需求无关,因此可以运行在最佳工况区,使发动机的油耗和排放降到最低程度。发动机作为辅助动力源,在需求功率较大时,功率分配器直接将电能传递给驱动力控制装置,驱动车辆行驶,不经过电源管理系统,驱动了控制系统中的逆变器将直流电转化为三相交流电驱动电动机运转。在增程模式下,若增程模块提供的电量有剩余,则为蓄电池充电,起到平衡系统的充电和放电作用,稳定系统电压。停车时,可以通过外接充电装置为蓄电池充电。动力系统提供的电能应能满足附件功率的需求,如散热器、风扇、空调压缩机等。

各个系统之间的数据传输通过 CAN 总线实现,完成控制单元之间的信息传递和命令执行。驾驶员的意愿通过加速踏板或制动踏板的传感器输出,送给主控制器,主控制器根据车辆行驶状况和车辆状态进行判断,确定车辆当前运行模式,输出控制命令给各部件,如牵引力控制器、电池管理系统、发动机驱动控制器、附件控制等单元。

增程器的控制策略是保证增程器和动力电池得到最佳的匹配,获得最优的整车控制效率。

2. 工作原理

两种工作模式如下。

(1) 纯电动模式:能量传递路线如图10-17所示,电池是唯一的动力源,工作模式与纯电动汽车一样。不同之处是增程式的蓄电池容量比纯电动的更小,因而续驶里程设置的相对较小,电池的电量能够满足车辆起步、加速、爬坡和怠速及驱动空调等附件。

(2) 增程模式:能量传递路线如图10-18所示。

当电池的剩余电量达到预设的最低值时,增程器启动,发动机运行在最佳工况,使发电机发电,一部分用于驱动车辆,多余的电量为蓄电池充电。增程模式的发动机可以有多种工作方式,根据控制策略的不同,可以选择发动机恒功率模式、功率跟随模式或两者相结合模式,此外有智能控制策略和优化算法控制策略等模式。车辆停止时,可以利用市电为蓄电池充电。

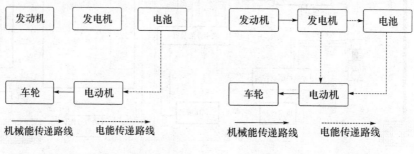

图10-17 纯电动模式能量传递图　　图10-18 增程模式能量传递图

3. 增程式电动汽车分类

(1) 大蓄电池增程器容量

优点是便于统一标准和规格,设计周期短、成本低,容易实现量产。但由于基于传统的蓄电池,存在能量密度低,体积偏大,成本高的缺点。短距离行驶的优点不明显。

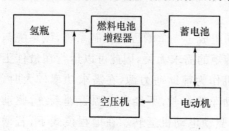

(2) 燃料电池增程器

为避免使用燃油,实现零排放的目的,采用5~10 kW的小型燃料电池作为增程器,与动力电池协同工作,延长电动汽车的续驶里程。能量传递图如图10-19所示。

目前,燃料电池增程器处于开发阶段,从整车集成阶段方面的要求来讲,需要克服的技术问题比较多,要求空压机体积小,重量轻,同时需要良好的

图10-19 燃料电池增程式能量传递图

散热装置。要求较大的压缩机空气比,同时保证输出的空气流量相对较小,目前还处于研发阶段。

(3) 发动机/发电机组增程器

是目前应用最多和技术最成熟的增程系统。发动机可采用传统的活塞式发动机、转子发动机、小型汽轮机等。

4. 增程式电动汽车特点

相比纯电动汽车,增程式电动汽车可以采用较小容量的动力电池组,有利于降低动力电池组的成本。相比串联混合动力电动汽车,增程器功率偏小,动力电池组容量配置偏高。

5. 增程式电动汽车技术指标(表 10-4)

表 10-4 增程式电动汽车技术指标

指标		增程式电动汽车
动力电池	能量密度(W·h/kg)	模块≥120
	循环寿命/次	≥2 000
	日历寿命/年	≥10
	目标成本(元/W·h)	模块≤1.5
车用电动机	成本(元/W·h)	≤200
	功率密度(kW/kg)	≥2.7
	最高效率(%)	≥94
电子控制		纯电动汽车电动化总成控制系统
		先进的纯电动汽车分布式控制系统
		纯电动汽车车载信息、智能充电和远程监控系统

三、混合动力汽车

从狭义上讲,混合动力电动汽车是指同时装备两种动力源——热动力源(由传统的汽油机或者柴油机产生)与电动力源(电池与电动机)的汽车。通过在混合动力电动汽车上使用电机,使得动力系统可以按照整车的实际运行工况要求灵活调控,而发动机保持在综合性能最佳的区域内工作,从而降低油耗与排放。也可以认为混合动力电动汽车通常是指既有蓄电池可提供电力驱动,又装有一个相对小型内燃机的汽车。

从广义上来讲,混合动力电动汽车指的是装备有两种具有不同特点驱动装置的车辆。这两个驱动装置中有一个是车辆的主要动力来源,它能够提供稳定的动力输出,满足汽车稳定行驶的动力需求,由于内燃机在汽车上成功的应用,使之成为首选的驱动装置;另外还有一个辅助驱动装置,它具有良好的变工况特性,能够进行功率的平衡,能量的再生与存储,目前应用最多的是电混合系统。

国际电子技术委员会对混合动力车辆的定义为:在特定的工作条件下,可以从两种或两种以上的能量存储器、能量源或能量转化器中获取驱动能量的汽车。其中至少一种存储器或转化器要安装在汽车上。混合动力电动汽车至少有一种能量存储器、能量源或能量转化器可以传递电能。串联式混合动力车辆只有一种能量转化器可以提供驱动力,并联式混合车辆则不止一种能量转化器提供驱动力。

1. 混合动力汽车的分类

1)按发动机和电动机的耦合方式分类

(1)串联式

是指车辆行驶系统的驱动力只来源于电动机的混合动力电动汽车。结构特点是发动机带动发电机发电,电能通过电动机控制器输送给电动机,由电动机驱动汽车行驶。另外,动力电池也可以单独向电动机提供电能驱动汽车行驶,如图10-20所示。

优点:
- 发动机具有良好的经济性和低的排放性能;
- 发动机与电机之间无机械连接,整车结构布置自由度较大;
- 制动能量回收潜力大。

缺点:
- 发动机输出的能量利用率比较低;
- 蓄电池和电机的体积和总容量都比较大,整车重量较大;
- 系统功率冗余度大。
- 更适用于市区低速运行的工况。

(2) 并联式

并联式混合动力电动汽车是指车辆行驶系统的驱动力由电动机及发动机同时或单独供给的混合动力电动汽车。结构特点是并联式驱动系统可以单独使用发动机或电动机作为动力源,也可以同时使用电动机和发动机作为动力源驱动汽车行驶,如图10-21所示。

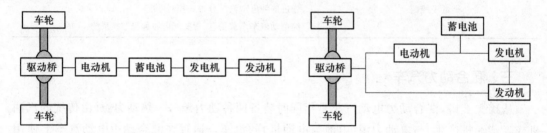

图10-20　串联式混合动力示意图　　　图10-21　并联式混合动力示意图

2) 按照电动机相对发动机的功率比大小分类(表10-5)

表10-5　按照电动机相对发动机的功率大小分类

类型	主要特征	节油率	典型实例
轻混	具有急速起停功能和能量回收功能,以发动机为主要动力源,电动机为辅助动力	5%~15%	丰田Vitz、长安CX30等混合动力汽车
中混	具有急速起停功能、能量回收功能、智能充电和电机助力	15%~40%	本田Civic、上海荣威750、上海通用君越混合动力汽车等
强混	具有急速起停功能功能、能量回收功能、智能充电和短距离纯电动行驶功能	>40%	丰田Prius、比亚迪F3DM、大众捷达、本田Insight混合动力汽车等

2. 工作原理分析

(1) 串联式(图10-22)

① 在市区行驶时,如果电池完全充满,则选用纯电池驱动方式。传动系统能量流如图10-23所示。

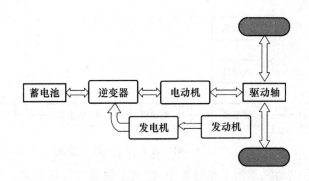

图 10-22 串联式混合动力系统能量流动路线图

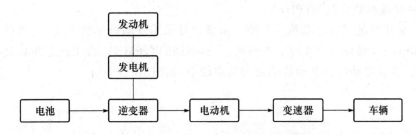

图 10-23 电池驱动串联式传动系统能量流

② 当电池电量较低时,发动机被启动,并将其设置在最大功率工作点上,发动机输出的功率与汽车所需功率的差值将通过发电机为电池充电,如图 10-24 所示。

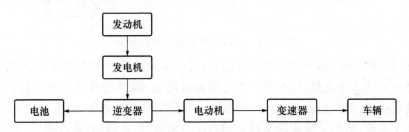

图 10-24 电池充电时串联式传动系统能量流

③ 当汽车发动机提供的最大功率低于汽车所需的功率时,电池将提供这部分差额功率,如图 10-25 所示。

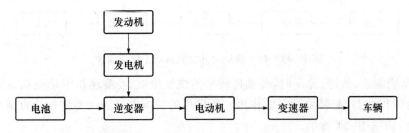

图 10-25 混合动力时串联式传动系统能量流

④ 在刹车或减速时,电动机起到发电机的作用,使部分动能转化为电能存储在电池里,如图 10-26 所示。

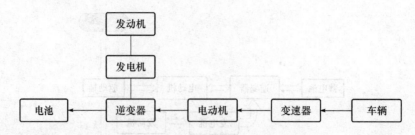

图 10-26 制动时串联式传动系统能量流

在串联混合动力电动汽车的工作过程中,理论上发动机可按照最佳燃油消耗曲线工作或最佳燃油工作点工作,提高了整车的燃料经济性。

3. 并联式混合动力汽车(PHEV)

PHEV 采用发动机和电动机两套驱动系统。可采用发动机单独驱动、电动机单独驱动或发动机和电动机联合驱动 3 种工作模式。与串联相比,PHEV 的优点是并联仅用到电动机和发动机,并且发动机和电动机的最大功率较小,如图 10-27 所示。

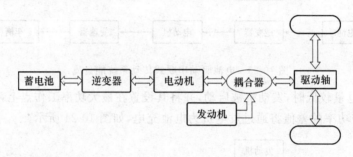

图 10-27 PHEV 的传动系统能量流

① 在起步、坡道或加速阶段,发动机运转,发动机只为耦合器提供总功率的一部分,离合器闭合将扭矩输入变速箱,同时动力电池组释放电能,经逆变器将直流电转换为交流电,给动力电动机供电,动力电动机也将扭矩输入变速箱驱动电动机转动,发动机和电动机共同将动力输入变速箱、后桥从而驱动车辆加速行驶。实现"功率辅助"是目的,传动传统能量流如图 10-28 所示。

图 10-28 功率辅助时并联式传动系统能量流

② 当车辆制动、减速、停车时,驱动桥传来的惯性扭矩,经变速箱带动电机运转,电机转换为发电机工作状态,起到发动机的作用。所发出的交流电经逆变器转换为直流电,对电池组进行充电,如图 10-29 所示。

③ 当电池电量较低时,发动机被启动,并将其设置在最大功率工作点上,发动机输出的功率与汽车所需功率的差值将通过发电机为电池充电,如图 10-30 所示。

④ 在市区行驶时,如果电池完全充满,则选用纯电池驱动方式,离合器分离,动力电池

组释放电能,经逆变器将直流电转换为交流电,给动力电动机供电,动力电机将扭矩输入变速箱、后桥,从而驱动车辆行驶。传动系统能量流如图10-31所示。

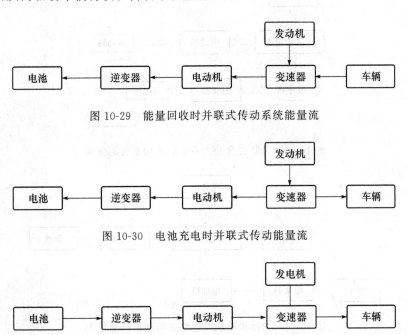

图10-29　能量回收时并联式传动系统能量流

图10-30　电池充电时并联式传动能量流

图10-31　电池驱动时并联式传动系统能量流

⑤ 在高速巡航时,由发动机驱动,此时相当于传统燃油汽车运行。当车辆采用发动机单独驱动模式运行时,发动机运转,离合器闭合,将扭矩输入电动机、变速箱、后桥,从而驱动车辆行驶,如图10-32所示。

图10-32　发动机驱动时并联式传动系统能量流

在并联混合动力电动汽车的工作过程中,发动机仅工作在一个适中的功率区间内且输出功率相对平稳,剩余的峰值功率通过电动/发电机来补偿,保证了发动机具有了一个相对稳定的高效工作区,提高了整车的燃料经济性。

4. 混联式混合动力汽车的特点

混联混合动力汽车 HEV 在结构上综合了 SHEV 和 PHEV 的特点。它主要偏向于并联结构,但又包含一些串联结构的特点。与 SHEV 相比,它增加了机械动力传输路线;与 PHEV 相比,它增加了电能的传输路线,如图10-33所示。

① 在高速巡航时,由发动机单独驱动。此时相当于传统燃油汽车运行。传动系统能量流如图10-34所示。

② 在市区行驶时,如果电池完全充满,则选用纯电池驱动方式。传动系统能量流如图10-35所示。

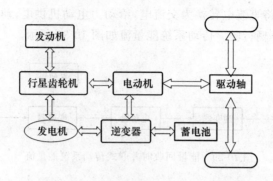

图 10-33 混联混合动力系统的传动系统能量流

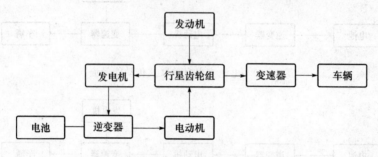

图 10-34 发动机驱动时混联式传动系统能量流

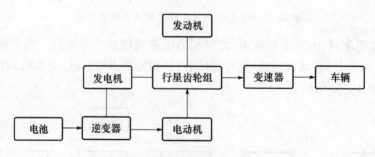

图 10-35 电动机驱动时混联式传动系统能量流

③ 在刹车或减速时，电动机起到发动机的作用，将部分动能转化为电能存储到电池里，如图10-36所示。

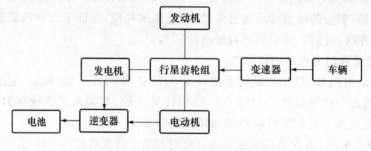

图 10-36 能量回收时混联式传动系统能量流

④ 在起步或加速阶段，发动机只为耦合器提供总功率的一部分，剩下的功率要由电动机来提供，实现"功率辅助"是目的，传动传统能量流如图10-37所示。

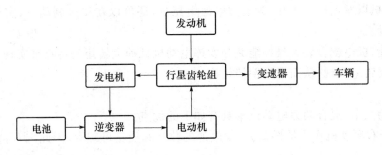

图 10-37　功能辅助时混联式传动系统能量流

⑤ 当电池电量较低时,发动机被启动,并将其设置在最大功率工作点上,发动机输出的功率与汽车所需功率的差值将通过发电机为电池充电,如图 10-38 所示。

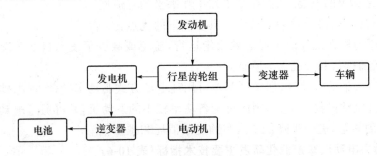

图 10-38　电池充电时混联式传动系统能量流

5．技术关键

（1）采用阿特金森循环发动机：

优点：热效率较高,是因为降低了两个方面的损耗：一是在部分负荷时它工作在最佳膨胀比下,燃料的热效率高；二是进气冲程中没有节气门的节流作用减少了泵气损失。混合动力汽车技术的出现,在低速小负荷下可以使用蓄电池＋电动机驱动,既发挥了电动机低速大转矩的优点,又避开了阿特金森循环低速小负荷下的弱点,使发动机主要工作在中高速下,充分发挥了阿特金森循环发动机热效率高的优点,提高整车的燃油经济性和排放性。

缺点：独特的进气方式让低速扭矩很差；长活塞行程不利于高转速运转。

（2）采用怠速停机技术/启停控制技术即 start-stop 技术

汽车遇到红灯时,驾驶员踩制动踏板,汽车停车,发动机自动熄火并经电动机控制器精确控制在一个便于快速启动的活塞位置,红灯变绿灯后,驾驶员踩加速踏板,电动机控制器控制启动/发电机快速启动,输出动力。博世开发的发动机怠速停机系统 ISA 已经在多款发动机上得到应用,发动机启动时间控制在 0.3 s 以内。

（3）机电耦合装置

动力合成功能,它应将来自不同动力装置的机械动力进行动力的合成,实现混合动力驱动工作模式。

动力输出不干涉功能,机电耦合装置应保证来自不同动力装置的机械动力单独地输出或让多个动力装置共同输出以驱动汽车行驶,彼此之间不发生运动干涉,不影响传动效率。

动力分解与能量回馈功能,机电耦合装置应允许将发动机动力的全部或一部分传递给电动机,电动机以发电模式工作,为动力电池组充电,还可以在整车制动时,实施再生制动,回收制动能量。

辅助功能,机电耦合装置最好能充分发挥电动机低速大转矩的特点来实现整车起步,利用电动机的反转来实现,从而取消倒挡机构。

6. 特点

和纯电动汽车,混合动力电动汽车具有如下的优点:

(1) 由于有原动机作为辅助动力,蓄电池的数量和质量可减少,因此汽车自身重量可以减小;

(2) 汽车的续驶里程和动力性可达到内燃机的水平;

(3) 借助原动机即发动机的动力,可带动空调、真空助力、转向助力及其他辅助电器,无须消耗蓄电池组有限的电能,从而保证了驾车和乘坐的舒适性。

较之内燃机汽车,混合动力电动汽车具有如下的优点:

(1) 可使原动机在最佳的工况区域稳定运行,避免或减少了发动机变工况下的不良运行,使得发动机的排污和油耗大为降低。

(2) 在人口密集的商业区、居民区等地可用纯电动方式驱动车辆,实现零排放。

(3) 可通过电动机提供动力,因此可配备功率较小的发动机,并可通过电动机回收汽车减速和制动时的能量,进一步降低了汽车的能量消耗和排污。

7. 混合动力电动汽车产业化研发主要技术指标(表 10-6)

表 10-6 混合动力电动汽车产业化研发主要技术指标

指 标			轿车	城市客车
动力电池	镍氢电池	能量密度(W·h/kg)	系统≥30	系统≥40
		功率密度(W/kg)	系统≥900	系统≥700
		使用寿命	25万km或10年	
		系统目标成本(元/W·h)	≤3	
	功率型锂电池	能量密度(W·h/kg)	≥50	
		功率密度(W/kg)	≥1 800	
		使用寿命	20万km或10年	
		系统目标成本(元/W·h)	≤3	
	超级电容	能量密度(W·h/kg)	≥5	
		功率密度(W/kg)	≥4 000	
		使用寿命	≥40万次或10年	
		系统目标成本(元/W·h)	<60	
车用电动机		成本(元/W·h)	200	300
		ISG电机功率密度(kW/kg)	>1.5	>2.7
		驱动电机功率密度(kW/kg)	>1.2	>1.8
		系统最高效率(%)	94	

续表

指标		轿车	城市客车
电子控制		满足国Ⅳ或国Ⅴ排放法规的混合动力专业发动机(油电和气电)电控关键技术;研制面向多能源动力总成技术需求的16位和32位机高性能的控器	
整车平台	节油率(%)	≥25(中混) ≥40(深混)	≥40
	附加成本/万元	≤1.5	≤15

四、燃料电池汽车

燃料电池汽车简称FCEV,它是通过电化学反应将燃料的化学能直接转变为电能的汽车。具有零污染,能量转化效率高的特点,但成本过高,技术复杂 短时间内还无法代替传统汽车。

1. 燃料电池汽车的结构

燃料电池汽车的结构如图10-39所示,一般由燃料箱、燃料电池、控制系统、驱动系统、辅助动力系统等部分构成。

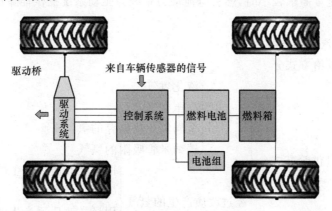

图10-39 燃料电池汽车结构图

(1) 燃料电池组

是燃料汽车的电源,由多个1V以下的燃料电池串联组成。将储存在燃料和氧化剂中的化学能通过电极反应直接转化为电能的发电装置。

燃料电池工作原理:以质子交换膜燃料电池为例,如图10-40所示。燃料电池工作时,外界不断供给负极氢气,供给正极氧气,在催化剂(铂、多孔石墨等)作用下,产生如下反应:

负极:$2H_2 \longrightarrow 4H^+ + 4e^-$

正极:$O_2 + 4H^+ + 4e^- \longrightarrow 2H_2O$

(2) 控制系统

用于控制燃料电池的反应过程(起动、反应、输出电能的调整、停止)和电动机的运行过程。所有工作状态通过传感器采集,集中反馈到车载电控中心,由各监管控制模块控制燃料

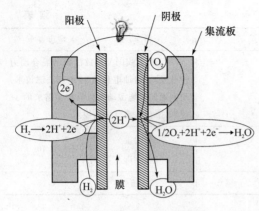

图 10-40　燃料电池工作原理

电池组和电机安全运行。

(3) 驱动系统

燃料电池的电流需要经过专用的大功率 DC/DC 转换器,将燃料电池的转换为稳压的直流电,然后经过逆变器转换为交流电输出到交流电动机,驱动车轮旋转。

(4) 辅助动力系统

FCEV 上还要装配一个蓄电池组作为辅助电源,用于 FCEV 快速起动;存储 FCEV 在再生制动时反馈的电能;为电动汽车控制、照明系统等电气设备提供低压电。

2. 燃料电池汽车的工作原理

(1) 在电动汽车开始行驶时,蓄电池组为驱动系统提供能量,并对燃料电池进行预热,燃料电池动力系统不需要工作。

(2) 当氢气供给足够时,燃料电池动力系统起动,由燃料电池动力系统为驱动系统提供能量。

(3) 当车辆能量需求较大时,燃料电池动力系统与蓄电池组同时为驱动系统提供能量。

(4) 当车辆能量需求较小时,燃料电池动力系统为驱动系统提供能量的同时,还给蓄电池组进行充电。

3. 燃料电池汽车的分类

(1) 按氢气供给方式分

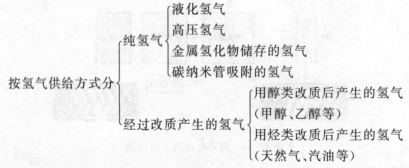

(2) 按燃料电池使用的电解液不同分类(表 10-7)

表 10-7　按燃料电池使用的电解液不同分类

类型	电解质	导电离子	工作温度	燃料	氧化剂
质子交换膜燃料电池	质子交换膜	H^+	80～100 ℃	氢气、重整氢	空气
磷酸燃料电池	H_3PO_4	H^+	200 ℃	重整气	空气
熔融碳酸盐燃料电池	Na_2CO_3	CO_3^{2-}	650 ℃	净化煤气、天然气、重整气	空气
固体氧化物燃料电池	$ZrO_2 - Y_2O_3$	O^{2-}	1 000 ℃	净化煤气、天然气	空气

4. 燃料电池电动汽车的特点

(1) 效率高。燃料电池的工作过程是化学能转化为电能的过程，能量转换效率较高，可以达到30%以上。

(2) 续驶里程长。采用燃料电池系统作为能量源，克服了纯电动汽车续驶里程短的缺点，其长途行驶能力及动力性已经接近于传统汽车。

(3) 绿色环保。燃料电池没有燃烧过程，以纯氢作燃料，生成物只有水，属于零排放。采用其他富氢有机化合物用车载重整器制氢作为燃料电池的燃料，生产物除水之外还可能有少量的 CO_2，接近

(4) 过载能力强。燃料电池短时过载能力可达额定功率的200%或更大。

(5) 低噪声。燃料电池属于静态能量转换装置，除了空气压缩机和冷却系统以外无其他运动部件，运行过程中噪声和振动都较小。

(6) 设计方便灵活。燃料电池汽车改变传统的汽车设计概念，可以在空间和重量等问题上进行灵活的配置。

燃料电池电动汽车的主要缺点有：

(1) 燃料电池汽车的制造成本和使用成本过高。

(2) 辅助设备复杂，且质量和体积较大。

(3) 起动时间长，系统抗震能力有待进一步提高。

5. 燃料电池电动汽车技术指标（表10-8）

表 10-8　燃料电池电动汽车技术指标

指标		燃料电池电动汽车	燃料电池电动客车
燃料电池	电堆比功率(W/kg)	1 000(面向示范考核) 1 500(面向技术突破)	
	系统比功率(W/kg)	300(面向示范考核) 450(面向技术突破)	
	低温储存与启动/℃	−10(面向示范考核) −20(面向技术突破)	
	寿命/h	≥5 000	
车用电动机	功率密度(kW/kg)	3.0	
	最高效率(%)	94	
电子控制		新型电动机集成驱动的底盘动力学控制技术； 下一代纯电驱动整车控制系统关键技术； 纯电动汽车 ITS 及车网融合(V2G,V2H)技术	
整车平台	最高车速(km/h)	≥160	≥80
	续驶里程(km)	≥350	≥350
	经济性(kg/100 km)	≤1.2(示范) ≤1.1(下一代)	≤8.8(示范) ≤8.5(下一代)

任务3 其他新能源汽车

一、燃气汽车

天然气汽车是指以天然气作为燃料的汽车。按照所使用天然气燃料状态的不同,天然气汽车可以分为压缩天然气汽车(CNGV)、液化天然气汽车(LNGV)和液化石油气(LPGV)。也有与传统汽油和柴油配合使用的,称为双燃料汽车。

1. 天然气分类

(1) 压缩天然气汽车

使用的燃料是压缩到 20.7~24.8 MPa 的天然气,主要成分为甲烷(CH_4),气体密度为 0.8 kg/m^3,燃点为 450 ℃,热值为 38 MJ/m^3,无色、无味、五毒、无腐蚀性、易燃易爆、燃烧充分、不留炭黑和杂质,被称为"绿色燃料"。

(2) 液化天然气汽车

使用燃料是经过超低温深冷到-162 ℃形成的液化天然气,成分与压缩天然气相同,体积约为同量天然气的 1/600,液体密度为 450 kg/m^3。

(3) 液化石油气汽车

使用的燃料是从石油提炼出来的,主要成分为丙烷。

2. 燃气汽车的特点

CNGV、LNGV 的特点如下:

(1) 有害气体排放低,天然气容易与空气形成均匀的混合气,燃烧完全,大幅度降低 CO、HC 和微粒的排放。

(2) 热效率高,天然气辛烷值高达 130,可提高发动机的压缩比,从而获得较高的发动机热效率。

(3) 冷起动性和低温运转性能良好,暖机期间无须加浓混合气。

(4) 因不稀释润滑油,延长润滑油更换周期和发动机使用寿命。

(5) 可以燃用稀混合气。其燃烧界限宽,稀燃特性优越。

(6) 储运性能差,目前广泛使用天然气压缩到 20 MPa 或石油气压缩到 1.6 MPa,充入车用储气瓶中,增加了车身自重,减少了载货空间。

(7) 一次续驶里程短。

(8) 由于燃料均以气态进入气缸,使发动机的充气系数降低,而理论混合气热值又小,致使发动机功率下降。

3. 结构

燃气汽车与普通燃油汽车相比主要增加了燃气供给系统,燃气供给系统主要由燃气部件、供气部件、控制部件和燃料转换部件等组成。

近年来我国天然气汽车产业迅猛发展,截至 2014 年年底我国天然气汽车保有量已达 459.5 万辆,加气站为 7 000 座,不论是 CNG 汽车保有量和加气站数量和 LNG 汽车和加气站数量都是世界第一。

从地方政府层面上看,北京、广东规定新增城市公交车必须是新能源汽车(包括天然气汽车),上海、江苏、浙江、辽宁、山东等省市规定天然气汽车每年要保持一定比例增长。

二、生物燃料汽车

生物燃料是指通过生物资源生产的醇类燃料和生物柴油等,可以替代由石油制取的汽油和柴油,是可再生能源开发利用的重要方向。生物燃料汽车就是以生物燃料为能源的汽车。

1. 甲醇燃料汽车

是指利用甲醇燃料做能源驱动的汽车。甲醇作为燃料在汽车上的应用主要有掺烧和纯甲醇替代两种。掺烧是指将甲醇以不同(如 M10,M15,M30)的比例掺入汽油中,作为发动机的燃料,称为甲醇汽油;纯甲醇替代是指将高比例甲醇(如 M85,M100)直接做汽车燃料如。

2. 乙醇燃料汽车

是使用车用乙醇汽油作为主要的动力燃料的机动车。车用乙醇汽油是将变性燃料乙醇和汽油以一定的比例混合而成的一种汽车燃料。汽车上使用乙醇可以提高燃料的辛烷值,增加氧含量,燃烧更完全,以降低有害气体排放。

乙醇汽车燃料的应用方式共 4 种:

(1) 掺烧,是乙醇和汽油混合使用,目前占主要地位。

(2) 纯烧,即单独烧乙醇,属于实验阶段。

(3) 变性燃料乙醇,是指乙醇脱水后,再加变性剂而生成的乙醇,属于实验阶段。

(4) 灵活燃料,指既可以用汽油,也可以用乙醇或甲醇与汽油比例混合的燃料,还可以用氢气,并随时可以切换。如福特和丰田均在试验灵活燃料汽车。

中国已成为世界上继巴西、美国之后的第三大生物燃料乙醇生产国和应用国,并在黑龙江、吉林、辽宁、河南、安徽 5 省及湖北、山东、河北和江苏 4 省部分地区基本实现乙醇汽油代替其他汽油。

3. 吉利英伦 SC7 甲醇燃料汽车部分技术参数(表 10-9)

表 10-9 吉利英伦 SC7 甲醇燃料汽车部分技术参数

项目	参数	项目	参数
推出年款	2013 年	汽车级别	新能源
驱动方式	前驱	座位数	5
最高车速/(km/h)	165	整备质量(kg)	1 256
发动机排量/mL	1 500	发动机工作方式	自然吸气
气缸排列形式	直列 4 缸	每缸气门数(个)	4
最大功率/kW	汽油 69/甲醇 75	最大功率转速(r/min)	6 000
最大扭矩/Nm	汽油 128/甲醇 135	最大扭矩转速(r/min)	3 400
综合油耗/(L/100 km)	7.3/甲醇	油箱容积(L)	53 L(甲醇)+10 L(汽油)
供油方式	多点电子喷射	环保标准	国 4

4. 醇燃料汽车特点

(1) 燃烧充分,排放少。
(2) 原料来源广泛。
(3) 抗爆性好。
(4) 燃油消耗率会增加。
(5) 冷起动困难
(6) 容易产生气阻。
(7) 发动机磨损大。
(8) 醇类燃料对人体有害。

5. 二甲醚燃料汽车

是指以二甲醚为能源的汽车。二甲醚常温常压下为无色、无味、五毒的气体,可以从天然气、煤、石油焦炭或生物质中制取。二甲醚作为环保、清洁、安全的新型替代能源,已经得到国际社会的公认。二甲醚是汽车发动机,特别是柴油发动机燃料的理想替代品。

我国与国际二甲醚燃料发动机研究几乎同步,2007年,上海市首批投放了10辆二甲醚公交车,并建设了首个二甲醚加注站。2012年,全国二甲醚总产能超过1 500万吨,二甲醚的用量约600万吨。

二甲醚燃料汽车特点:

(1) 十六烷值大,自燃温度低;
(2) 污染少;
(3) 降低最高燃烧温度,减少NO_x排放量;
(4) 低沸点;
(5) 资源丰富;
(6) 热值低,动力不如柴油;
(7) 储气瓶占用空间大,润滑性较差。

二甲醚理化特性,如表10-10所示。

表10-10 二甲醚理化特性

项目	内容	项目	内容
分子式	C_2H_6O	颜色、气味	在常温常压下为无色、有轻微醚香味、无毒气体
分子量	46.07	溶解性	溶于水、汽油、四氯化碳、苯等
密度(20℃ g/cm³)	0.67	汽化潜热(kJ/kg)	467
沸点(℃)	−24.9	十六烷值	55~66
闪点(℃)	−41.4	低热值(MJ/kg)	28.43

三、氢燃料汽车

氢燃料汽车是在传统内燃机的基础上加以修改后可以直接用氢为燃料燃烧,产生动力,是一种真正实现零排放的交通工具,排放出的是纯净水,其具有无污染、零排放、储量丰富等优势,因此,氢动力汽车是传统汽车最理想的替代方案。

宝马公司为氢燃料汽车的研制经过了20多年的努力,开发了多款氢发动机汽车,2006年,宝马推出来世界上第一款动力豪华轿车——BMW氢能7系,其参数如表10-11所示。

表10-11 BMW氢能7系参数

项 目	技术指标
功率(kW)氢燃料/汽油	191/191
最小转弯直径(m)	12.6
综合油耗(kg/100 km,L/100 km)氢燃料/汽油	3.6/13..6
续驶里程(km)汽油模式/液氢模式	500/200
总续驶里程(km)	700
0~100 km加速时间(s)	9.5
最高车速(km/h)	230
排放达标	EU4

氢能由于清洁、高效、可再生产,被誉为21世纪理想能源,但很多关键技术不成熟,由于生产成本高昂,短期内很难实现产业化。

四、太阳能汽车

太阳能汽车是利用太阳能电池将太阳能转换为电能,并利用该电能作为能源驱动行驶的汽车,它是电动汽车的一种。太阳能汽车主要由太阳能电池组、自动阳光跟踪系统、驱动系统、控制器、机械系统等组成。

太阳能汽车由太阳能电池板在向日自动跟踪器的控制下始终正对太阳,接受阳光,并转换为电能,向电动机供电,再由电动机驱动汽车行驶,它实际上一种电动汽车,工作原理与串联式混合动力汽车基本相同。

太阳能汽车特点:

(1) 汽车能量来自于太阳,物美价廉,取之不尽、用之不竭。

(2) 没有任何排放,零污染;

(3) 结构简单,没有复杂的内燃机、离合器、变速箱、传动轴、散热器、排气管等零部件。

(4) 缺点是依赖太阳,续行里程较短。

目前,研发的太阳能汽车主要用于实验和比赛,实用型的太阳能汽车还比较少,制约其发展的主要是太阳能电池的转换效率太低。因此,最有发展前途的是太阳能电池和蓄电池组合式的汽车。今后太阳能汽车的研究方向主要集中在提高太阳能电池的转换效率、最大功率跟踪技术和蓄电池的充放电技术。

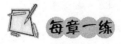

1. 纯电动汽车的组成由哪几部分?各部分都有哪些作用?
2. 增程式电动汽车的组成部分有哪些?各有什么特点?
3. 混合动力汽车的分类是怎样的?各有什么特点?
4. 燃料电池汽车与纯电动汽车有哪些相同点和异同点?